변두옥 자서전

# 꿈같은 세월,
# 함께한 사람들

신아출판사

| **자서전을 펴내며** |

    태양은 오늘도 내일도 늘 변함없이 뜨고 진다. 사람은 누구나 한 번 태어나면 언젠가는 빈손으로 간다.
    나는 칠십 평생 살아오는 동안 산전수전 다 겪고 열한 번이나 생사의 찰나에 있었다. 걸어온 길을 뒤돌아보며 순간순간 그때를 생각해 보니 기적 같은 힘이 작용했고, 늘 하느님께서 함께해 주셨다.
    남은 삶 이렇게 살았으면 참 좋겠다. 사랑하는 내 가족, 누나네 가족, 이웃을 사랑하며 42년 전 불의의 사고로 고통 속에 사는 동생, 사업에 실패하고 몸이 아픈 두 처남이 치유되어 고통 없이 살았으면 참 좋겠다.
    함께하는 친구들, 선후배님들, 지인들에게 감사드리며, 하늘나라에 계신 부모님, 먼저 떠난, 현기, 두현, 병문, 재열, 철우, 재인, 판수, 현영 그리고 배승엽 실베스텔 형님의 영원한 안식을 빈다.
    살아오는 동안 믿음 안에서 희로애락을 함께해 주시고 봉사, 이웃사랑 실천에 멘토가 되어주신 대부모님께 감사드리고 나로 하여금, 상처받았고 아픔이 있었다면 모든 건 나의 부족한 탓이었으니 용서해 주시옵소서.
    생애 그 누구에게도 편지 한 장 써보지 못한 내가 용기를 내 어렵게 자서전에 도전해 보았다. 한 권은 부모님 영전에 바치고, 한 권은 자식들에게, 남은 한 권은 친구들과 지인에게 전하고자 하오니 졸필이지만 필독해 주시길 바라면서

2024 새봄에<br>두암동 자택에서 변두옥 올림

**초계 밀양 변씨 6대 장손**

① 정실 29대 증조부

② 정실 30대 조부

③ 정실 31대 부

④ 정실 32대 나

⑤ 정실 33대 아들

⑥ 정실 34대 손자

아버지 일본에서(학생 때)

아버지 (청년 때 아코디언 연주)

세 살 때 아버지 형제들과 배밭에서

아버지 일본 친구들

고교시절 아내, 장모님과 생활관에서

대학 졸업식 세경이와 함께

신혼 시절 아들과 함께

아들과 불갑사 저수지에서

아들 초등학교 졸업

나의 결혼식 때 가족과 함께

나의 결혼식 때 친구들과 함께

중2 가을소풍 구례 화엄사에서

고2 일진회

고교 졸업식 선형, 원용

선형이 졸업식 일고 교정에서 원용, 두옥

고3 가을소풍(협동반)

전자공학과 제주도 졸업여행

조선대학교 전자공학과 부고동문회

조선대학교 겨울 MT 내장산 봉림 유스호스텔

조선대학교 유스호스텔 창립 20주년

해외 연수 중 이탈리아 폼페이에서

해외 연수 귀국길 홍콩에서

김정수와 로마 진실의 입에서　　로마 트레비 분수에서 창훈이와　　파리 에펠탑 앞에서 (1981)

아내 친구 가족 모임 화순 백아산에서

아내 친구 가족 모임 지리산 온천에서

조전희 가족 야유회 대둔산 관광호텔에서

탑회 북경에서

탑회 제주 정방폭포에서

오스트리아에서 알프스산 넘어 이탈리아로 아내와 함께

이태리 폼페이에서 호남대 조영대 교수님 부부와

이탈리아 피사의 사탑

아내와 로마 진실의 입

로마 트레비분수 앞에서 아내와 함께 로맨스를

영국 버킹엄 궁전 앞 근위병 교대식 관람하면서

프랑스 몽마르트언덕 성심성당 앞에서

스위스 융프라우에서 　　　　　프랑스 파리 에펠탑에서

검찰청 형사조정 정기교육

김회재 검사장과 함께

박광태 시장 표창

어머니 (서행엽) 가브레엘라 부활절 세례기념 (1995.4.15)

변두옥 요셉 견진성사

배성자 요셉피나 견진성사

남성제 97차 꾸르실료에서 종출 친구 만남

남성 제97차 꾸르실료에서

대부님 부부와 가족미사 (이준대 건안드레아 신부)

도시바공장 연수 이관식, (고)서정권 과장

대우전자 BUYER 사장단 초청 간담회

대우전자 중국 현지공장 방문

대우전자 월출산 극기훈련 김종환 공장장님과 유재활 부장님

네덜란드 펠그린 방문

대우 프랑스 공장 유재활 대표님과 김유철 과장

해외 Before Service 폴란드 남순동 지점장님과

사업부 팀장 세미나 백양사 관광호텔에서

100ppm 지도요원 교육

고건 국무총리상 표창,
고용평등 전국대회 발표

사내판매 우수자 시상

노사 해외정책 세미나 배트남에서 최정렬 지부장과

노사 해외정책 세미나 캄보디아 북한식당에서

노사 해외정책 세미나 태국에서

우정회 땅끝 전망대에서

2004.1.1. 홀인원 아크로 CC에서

진사모 골프회 아크로 CC

제1회 조선대학교 유스호스텔 OB 골프모임 석정힐 CC

무등사진전우수작 집들이 선물

자연과 인간의 공존　　　　　　　　　　김승현 사진협회지사장

조전회 목포 고하도에서

탑회 전주 한옥마을에서

재흥부부, 병우, 연탁이랑 부산 이기대 섭자리에서

23골프회 정기모임 광주 CC에서

선형, 원용가족 상무 대게 집에서

서울 북한산 은평 한옥마을에서 재흥부부, 병우, 연탁과 함께

녹호회 베트남 다낭에서

숭의10회 독도에서

옥롱42회 친구들

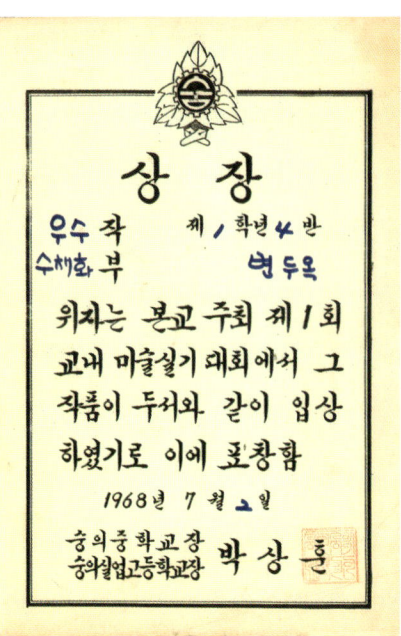

| 상장 수채화부 | 임명장 |

〈아빠를 닮은 딸〉

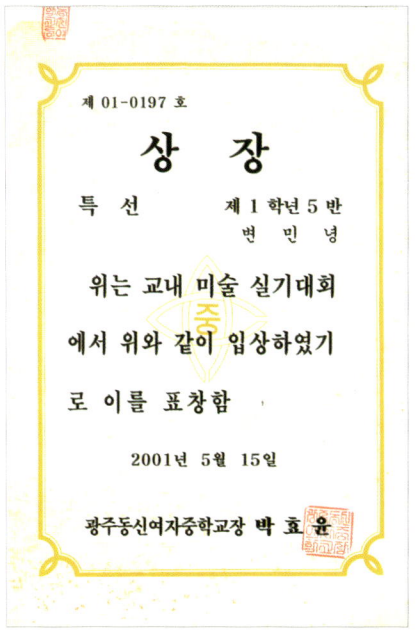

1학년 특선상장

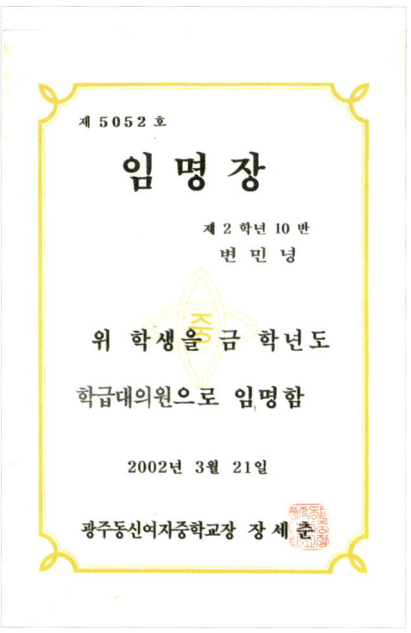

2학년 임명장

어머니 고재유 시장 표창

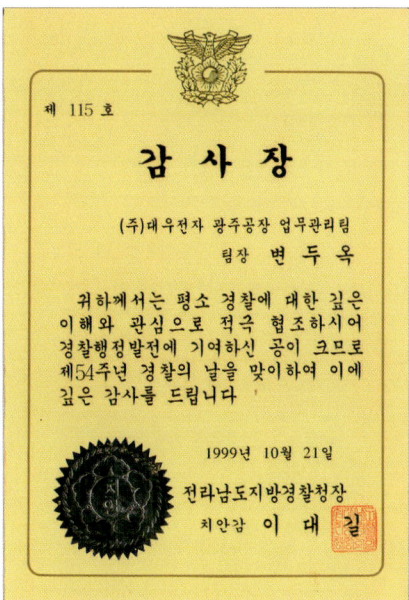

감사장 54주년 경찰의 날 이대길 치안감

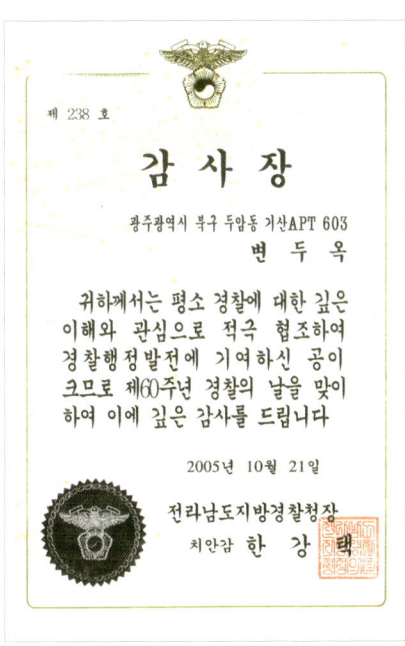

감사장 60주년 경찰의 날 한강택 치안감

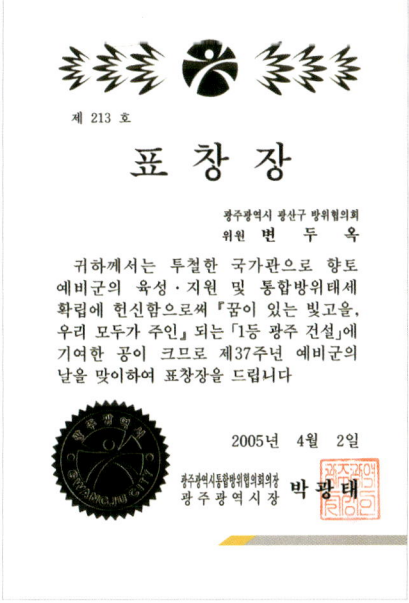

표창장 37주년 예비군의 날 박광태 시장표창

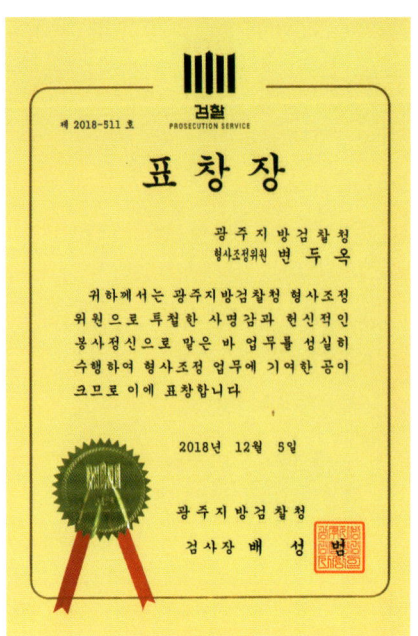

표창장 배성범 검사장

자원봉사 영예인증서 금장

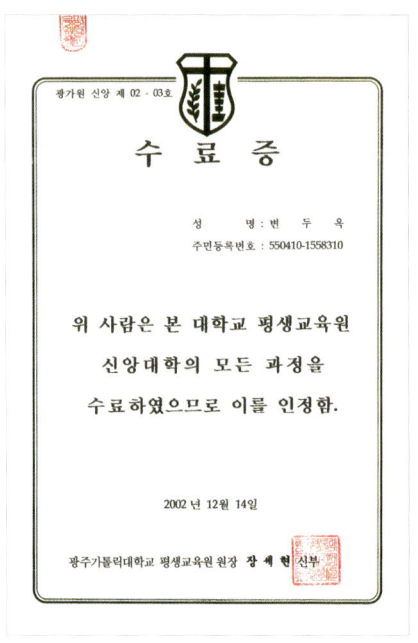

믿음활동

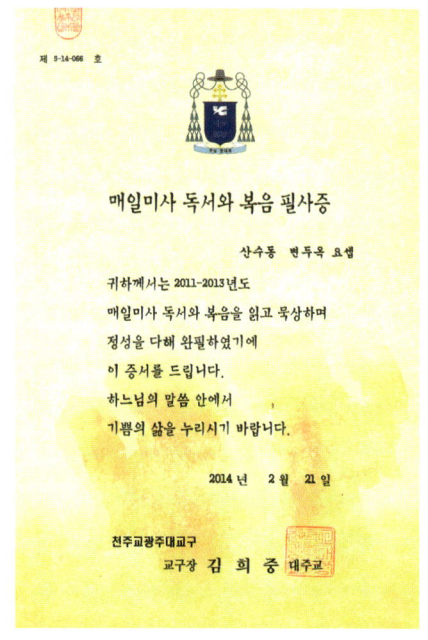

믿음활동

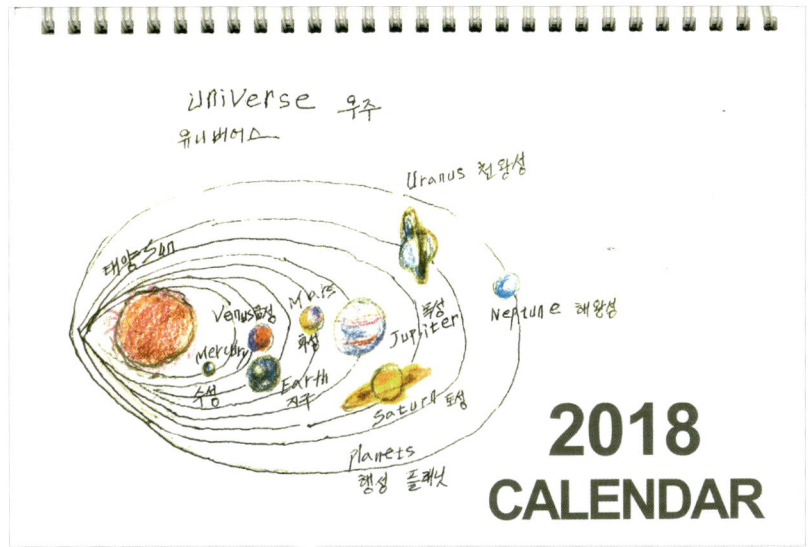

김영경 친구 / 오한선 레지나 어머니 달력 앞면

1월　　　　　　　2월　　　　　　　3월

# Contents

자서전을 펴내며

화보로 보는 나의 삶

## 꿈은 아지랑이처럼 피어나고

| | |
|---|---|
| 내 고향 옥룡 | 36 |
| 유년기와 초등학교 시절 | 39 |
| 개구쟁이 어린 시절 | 43 |
| 장티푸스로 생사를 넘나들었던 나 | 46 |
| 내 삶의 기적과 초인간의 체험 | 49 |
| 내 삶의 시작 광주 | 52 |
| 첫 유럽연수로 넓은 세상을 보다 | 55 |
| 지우고 싶은 이야기 | 61 |
| 5·18 민주화 운동 | 64 |
| 군에서 세 차례 죽을 고비 | 67 |
| 군대에서 겪었던 이야기 | 71 |
| 군대에서 만난 동생과의 인연 | 77 |

 ## 눈부셨던 청춘의 그림자

| | |
|---|---|
| 자식을 위한 한평생 우리 어머니 | 82 |
| 그리운 아버지 | 86 |
| 아버지 유언을 가슴에 새기며 | 91 |
| 악녀 같은 시어머니와 우리 엄마 | 94 |
| 외갓집 고모집 가는 길 | 97 |
| 누나를 떠나 보내고 홀로서기 | 101 |
| 재능 많은 누나 | 106 |
| 우리 가족 최대 위기와 사랑하는 두 친구 | 114 |
| 동생의 불행 | 117 |
| 내 인생의 가장 행복한 날 | 124 |
| 신혼시절의 어려움 | 133 |
| 장인어른과의 약속 | 138 |

 ## 영광과 좌절, 희망의 끈

| | |
|---|---|
| 대우에 입사 | 144 |
| 인사 명령을 받고 | 147 |
| 대우전자에서 잊을 수 없는 분들 | 151 |
| 산전수전 겪고 뒤돌아보니 | 155 |
| 골프 입문 26년째를 맞이하며 | 159 |
| 노사 37년 안과 밖 | 165 |
| 내가 바라본 노사관계 47년 | 174 |

## 내 삶의 빈 칸 채우기

| | |
|---|---|
| 이제야 밝히는 그날의 진실 | 186 |
| 친구를 위하여 | 190 |
| 병호 친구와의 만남과 사연 | 192 |
| 내가 가야 할 길이 아닌 정치 | 195 |
| 보고 싶은 그리운 친구 찾기 | 200 |
| 지리산 천왕봉 | 204 |
| 회갑기념 한라산 산행 | 207 |
| 내 친구 변두옥 | 210 |
| 단상斷想 | 213 |
| 내 인생에 자네가 있어서 참 행복하네 | 217 |
| 인생길 함께 가는 동반자 | 221 |
| 사랑하는 마음으로 꽃이 되어 | 224 |

## 인생 2막, 아름답게 살기

| | |
|---|---|
| 그대가 그리워질 때면 | 228 |
| 사랑으로 하나가 된 우정회 | 230 |
| 여행 중 잊지 못할 고마운 분들 | 233 |
| 십자가의 삶 | 244 |
| 탈북자와 만남 | 246 |

| | |
|---|---|
| 부록 | 248 |

변두옥 자서전

꿈은 아지랑이처럼 피어나고

# 내 고향 옥룡

내 고향은 어머니의 품 같이 편안하고 아늑하다. 옥룡골에서 어린 시절을 보낸 추억은 나이 70이 되어서도 아련하게 떠오른다.

1960년대 초 송충이 떼로 산 전체 소나무가 죽게 되어 벌목했던 일도 생각난다. 토지가 부족하여 야산을 계단식으로 개간하여 고구마, 도라지. 밤나무를 심기도 하였다. 늦은 밤까지 사랑방에서 매상을 위해 가는 새끼를 꼬아 가마니를 짰다. 물레를 돌려 실을 뽑고, 내 옷 정도는 미싱으로 땜방도 했으며, 묵묵히 부모님을 도와드리며 함께 일을 했었다.

한국의 1960년대는 전쟁의 폐허에서 경제 발전을 시작하는 시기였고 어느 가정이나 힘들게 살았던 때였다. 우리 집 형편도 넉넉하지는 않지만, 다른 집에 비하면 그런대로 살만한 형편은 되었다.

누나는 새벽 일찍 일어나 부엌에서 밥을 짓고 밥상을 차린 뒤 학교

가기 바빠서 집안일 할 새가 없었다. 내가 집안 청소며, 소죽 끓이기, 소 먹이주기, 돼지, 염소. 토끼, 닭, 개 등에게 밥 주기로 쉴 틈 없이 일을 하며 학교에 다녔다. 어렸을 적부터 난 모든 일을 다 해봤기에 커서는 농촌이 싫었다.

  1975년도 내가 21살 되었을 때 옥룡을 떠나 광주로 이사를 하기 전까지는 고향에 대한 추억은 집안일에 대한 것이 전부인 셈이다.
  이사를 한 후 명절이 돌아오면 아버님 모시고 옥룡골로 성묘를 다녔다. 가을에는 시제를 지내는데 꼭 참석하였다.
  세월이 흘러 부모님도 돌아가시고 내 위의 어르신들은 모두 떠났다. 이제 내가 집안의 어른이 된 셈이다. 맏형으로서 무거운 책임을 안고 집안일을 돌보아야 하는 현실이다.
  새삼 어르신들의 빈자리가 크게 느껴질 때가 많다. 내가 과연 그런 일을 잘하고 있는지 스스로 물어보지만 늘 혼자라는 생각에 힘들고 외로움이 밀려오는 것이 진심이다.
  나와 같은 일을 선대 어르신들이 해 온 걸 보면 대단하다는 생각뿐이다.
  지금은 장례 문화도 바뀌어 매장보다는 화장하여 납골당에 모시는 것이 추세가 되었다.
  시제 모시는 것도 가족 일가친지 분들의 참여가 부족하여 언제까지 모실 수 있는지 장담하기 어려운 것이 현실이다.

내 후손들이 시제는 고사하고 성묘도 제대로 할 수 있을지 걱정이다.

최근에 임곡동에 감나무밭을 사서 광양 옥룡에 계시는 증조부모님, 조부모님, 네 분과 영락공원에 계시는 부모님까지 한곳에서 성묘할 수 있도록 장지를 마련하였다.

어려움이 있지만 장남으로서 꼭 해야 할 일이라 여기고 실천하였다.

하늘나라에 계시는 조상님들께 부끄럽지 않도록 합동 장지를 조성하여 후손들이 잘사는 모습을 보여드리고 싶은 것이 나의 작은 소망이다.

## 유년기와 초등학교 시절

 태어난 지 6~7개월쯤 되었을 때이다. 그날은 조상 제삿날이었다. 고모님께서 날 보듬고 서대회를 먹던 중 내가 노대는 바람에 떨어져 그만 양념이 버무려진 대야에 얼굴을 처박아버리고 말았다.
 눈, 코, 입에 초고추장 범벅이 된 채였으니 제대로 숨을 쉴 수가 있었겠는가? 나는 기절하였고 어머니는 혼비백산하였다. 갑자기 일어난 일로 아수라장으로 변한 제삿날을 가족 모두 상상하기도 힘들었을 것이다.
 생사를 넘나들던 아찔한 순간이었다. 살아난 것이 기적이라고 했다.
 겨우 목숨을 건질 수 있었으니 하마터면 조상 제삿날이 내 제삿날과 같을 뻔하였다.
 나의 굴곡의 역사는 이때부터 잉태되었는지 모르겠다.
 어느 때인가 외사촌 형이 감나무에 새끼줄을 매달아 만든 그네에 나를 태우고 밀다가 내가 새끼줄을 놓치고 말아 땅에 떨어져 숨이 멈췄던 이야기도 어머니를 통해 들었다.

대여섯 살 무렵에는 귀신을 쫓는다며, 동네 어르신들 20여 분이 매귀를 치는데 그중 한 분이 소고를 들고 팔딱팔딱 뛰어다니면서 춤추는 모습을 보았다. 내가 소고춤 흉내를 잘 내서인지 집안 행사 때면 소고춤을 추도록 해서 가족 모두가 박장대소를 터뜨리며 흥겨워했던 장면도 떠오른다.

일곱 살 때였다. 초등학교 입학하는 날이라서 친구와 함께 학교에 갔다. 학교에 갔지만 선생님은 내 이름을 부르지 않았다. 한 달가량이나 학교를 함께 다녔으나 그만둘 수밖에 없었다.
왜 학교를 못 보내게 했는지 이장 할아버지께 물었지만, 시원한 대답을 못 들었다.
막무가내로 나는 학교에 다닐 수가 없었다. 이장 할아버지께 학교 가게 해달라고 졸랐지만, 내년에 가라는 것이었다. 어린 마음에 이해할 수 없었다.
학교에 같이 입학한 친구는 일찍 하늘나라로 갔다.

옥룡남 초등학교 1학년에 입학하여 우병기 선생님이 한 학기를 담임하시고 전근 가시게 되어 2학기는 김종순 선생님이 담임하셨던 것을 기억한다.

2학년이 되어 봉강에 사시는 박시종 선생님이 담임이 되었는데, 훗날 성인이 되어 광주 향우회에서 뵙게 되었다. 이런저런 얘기를 나누다 보니 조카가 경영했던 약국을 아내가 인수하게 된 인연이 있었다. 내가 어렸을 적 똑똑하고 공부도 잘했고 반장도 했다며 선생님께서 기억해 주셨다.

3학년 때 최정숙 선생님께서 학교 근처로 부임해 오셨는데 숙소에 장작을 갖다 드렸다. 지금 생각해 보면 시키지도 않았는데 선생님께 장작을 가져다드렸는지? 선생님께서 감사해 하시며 공을 선물해 주셨다.

선생님 선물 덕분에 동네 친구들과 학교 운동장에서 편을 갈라 공차기를 자주 했었다. 선생님은 어머니처럼 자상했었고 나를 사랑해 주셨으며 예뻐해 주셨다.

김영애 선생님이 담임을 맡았던 4학년 때였다. 재홍이 친구 아버님이 저수지에서 울력하시다가 불의의 사고로 운명하셨다는 비운의 소식이 학교에 전해졌다. 선생님은 재홍이와 나를 포플러나무 아래로 데려가 함께 울면서 아픔을 달래주었다.

재홍이 친구는 어린 나이에 아버지를 잃고 힘들었던 마음을 위로해 주신 김영애 선생님을 잊을 수 없다면서 말하곤 했는데 훗날 서울에서 찾아뵈었다고 들었다.

5학년 때 담임이었던 조정한 선생님은 참 멋쟁이셨다. 박홍표 선생님과 두 분은 선글라스를 쓰고 신사용 자전거를 타고 출퇴근을 하셨다. 유화를 잘 그리는 선생님께 구도와 스케치를 배웠다.

영경이와 함께 자전거를 타고 삼정지 다리 밑에서 그림 공부를 했던 추억과 순천 신성포로 소풍을 갔었는데 영경이와 함께 숙소에서 둘만이 비밀리에 포도주를 마셨던 추억도 있다.

영경이와 참 친하게 지냈는데 그 친구는 어른스럽게 행동했었던 것 같다.

보고 싶다. 친구야!

## 개구쟁이 어린 시절

나는 1955년 음력 4월 10일 출시에 전남 광양시 옥룡면 운현리 399번지에서 아버지 변광현(초계변씨) 어머니 서행엽(이천서씨) 4남 2녀 중 차남으로 태어났다.

어머니가 어둑어둑한 새벽녘에 샘물을 길어다 부엌 가마솥 위에 정화수 떠놓고 천지신명께 자손의 평온을 위해 빌었던 모습이 생각난다.

어릴 적 고모네 집에 가면 온도계가 벽에 걸려 있었다. 온도계 밑을 잡으면 빨강 줄과 하얀 줄이 움직이며 오르락내리락했다.

나는 "고모, 이것이 살아있네."

"그러면 살아있지!"

"고모, 이것은 뭘 먹고 살아?"

"모든 것 다 먹고살지!"

나는 내가 먹던 밥도 주고 이것저것 주다가 떨어뜨려 온도계가 깨지고 말았다. 방바닥에 물방울처럼 생긴 것이 흩어졌는데. 고모가 빗자루로 쓸어 모았는데 꼭 살아 있는 것처럼 느껴졌다. 호기심으로 가득 찼던 꼬마 시절이 어렴풋이 떠오른다.

1960년대에는 집마다 파란 색깔에 동그란 플라스틱 스피커가 벽에 붙어 있었다.

그 속에서 사람 소리가 나는 걸 보니 신기했다.

"고모, 저속에 사람이 있는 거야?"

"그러면 사람이 들어있지."

"얼마나 큰 사람이 들어있는 거야?"

"아주 작은 사람이 들어있지."

나는 정말 사람이 들어 있는지 궁금하여 스피커를 뜯어본 적이 있다. 어른이 되어서도 스피커에서 소리가 나는 것을 설명하려 해도 쉽지 않은데 당시 고모도 설명하기가 어려웠을 것 같다.

어렸을 적 호기심은 나에게 꿈을 심어주었던 것 같다. 놀다가 배가 고프면 큰방 아랫목에 큰 독이 하나 있었다. 그 속에 농주를 담아 이불로 덮어 뒀는데 그 속에 삼나무 빨대를 꽂아놓고 빨아먹고 배가 부르면 나가 놀았다. 일찍이 세 살 적부터 혼자서 술을 배운 셈이다.

또한 이집 저집 이웃집에 놀러 다녔다. 뒷집 밤나무집은 지대가 꽤 높은 집인데 계단을 올라가다 중심을 잃고 굴러떨어져 울고 있을 때 이웃집 사람이 날 보듬고 부모님께 데려다주면서 자초지종을 얘기하셨다. 그러자 큰일날 뻔했다며 내 이마에 작은 돌이 박혔던 것을 바늘로 빼냈는데 아파서 울었던 기억도 있다.

개구쟁이 아들로 자라면서 노심초사 부모님 걱정을 끼쳐드렸던 어린 시절이었다.

# 장티푸스로 생사를 넘나들었던 나

중 2학년 때 서석동에서 살게 되었는데 누나는 가수가 되겠다는 꿈으로 매일 새벽 사직공원으로 발성 연습을 하러 다녔고 열성적으로 노래를 하였다. 누나는 어느 정도 자신감이 생겼는지 레코드 취입을 하러 서울에 가려고 부모님께 승낙을 받으러 갔다.

당시만 해도 연예인에 대한 사회적 인식이 별로 안 좋은 때였고 부모님께서도 탐탁지 않게 생각하였는지 단호하게 반대하셨다. 누나의 무지갯빛 꿈은 접히고 말았다.

그때 가수의 길로 갔으면 누나는 어떻게 되었을까? 상상해 본다.

나는 그 무렵 학교에서 장티푸스 예방 주사를 맞고 귀가하여 중간고사 시험공부를 하고 있었는데 머리가 깨어질 듯한 통증으로 견딜 수가 없었다. 가까운 병원에서 해열제 주사를 맞고 나니 감쪽같이 통증이 사라졌다. 얼마 후 또다시 통증이 시작되었는데 곧 죽을 것 같았다. 누나는 외숙, 복덕누나, 매형, 광양 부모님께도 연락을 취했다. 매형이 날 업고 택시로 양동인성병원에 입원을 시키셨다. 장티푸스로 판명되어 한 달간 입원하였다.

퇴원 무렵 옆 환자들이 우유를 먹는 모습을 보고 어머님이 원장님께 승인을 받아 우유를 한 컵 마셨는데 즉시 심한 설사와 복통으로 열이 40.2도까지 올라가 혼수상태가 되었다.

죽음 직전까지 이르렀으나 천만다행으로 병세가 호전되어 퇴원하게 되었다.

며칠 사이에 두 번의 죽을 고비를 넘기면서 가족들도 가슴 졸였고 어머니는 말할 수 없는 심정이었으라.

그날 어머니와 함께 여객 버스를 타고 옥룡으로 내려오는데 내 마음을 아는지 비가 주룩주룩 차창을 흘러내리고 있었다. 어린 나이에도 기구한 운명이라 생각했다.

시골집에서 휴양을 하고 있을 땐 전염병으로 접촉이 안 되니까 어느 누구도 찾은 사람이 없었고 외로웠다.

그렇게 요양을 하고 있던 어느 날 갑자기 소나기가 쏟아졌다. 집 마당엔 소 외양간 두엄을 말리고 있었는데 환자라는 생각을 할 겨를도 없이 비를 졸딱 맞고 두엄을 치웠다.

어머니께 혼나기도 했지만 장티푸스 관리는 산후 조리할 때처럼 찬물을 함부로 접하지 말라 당부했었는데 깜빡 잊고 말았던 것이다. 훗날 그로 인해 평생 비 몸살을 앓으며 살게 되었다. 전염병으로 그 누구도 찾아오는 이가 없었는데 원용이 친구가 찾아와 우정을 함께 하여 고마웠다.

　그해 장티푸스 사망률이 제일 높았는데 하느님의 도움으로 살아난 것에 감사의 기도를 올린다. 나를 업고 병원까지 함께해 주신 복덕 누나와 의정 매형께도 감사드린다.

## 내 삶의 기적과 초인간의 체험

1) 생후 7~8개월 무렵 제사 때 대야에 버무린 서대회 초고추장에 얼굴이 파묻혀 눈, 코, 입으로 초고추장이 범벅 되어 질식하였고 기적적으로 살아났다. (고모가 날 보듬고)

2) 돌 지나 감나무에 매달은 그넷줄이 떨어져 기절하였다. (어린 날 외가 친척 형)

3) 세 살 때 지대가 높은 뒷집 대문 계단을 기어오르다 중심 잃고 10미터 밤나무 아래로 굴러떨어졌으나, 하느님이 보우하사 살아났다.

4) 10살 때 저수지에서 수영 미숙으로 수장될 뻔했다. (고종사촌 기현 형의 속임수)

5) 15세 때 장티푸스로 생사가 오락가락했으나 살 팔자라서 그런지 또 살아났다.

6) 1978년도 AOP에서 205 GOP 오는 산 능선에서 GMC 브레이크 파열로 죽을 뻔했다. (GMC 기사 대구 김상기와 함께)

7) 1979년 RG4 취사장에 쌀 불출로 나간 후 주차된 차 브레이크가 풀려 날 덮치는 순간 쌀가마니가 쏟아져 차가 멈추었다. 차가 멈추지 않았다면 50m 절벽으로 추락사할 위기였고 다행히 목숨을 건질 수 있었다. (통신대 무전차 기사 백운찬 주차 실수로)

8) 1987년 공항 입구에서 좌회전하다 직진 시내버스에 내 운전석과 추돌, 버스 기사와 승객 모두가 내려와 살았다는 것이 기적이라 했다. (아스텍코 김현갑 과장 픽업 차)

9) 2000년 새해 시무식 출근길에 시속 80km 택시와 내 차 운전석이 추돌하여 충격으로 차량 앞바퀴가 부러졌고 택시는 상가를 뚫고 들어갔다. (충격에 전신에 멍이들었다.)

10) 1998년 추석에 청주 처가 가는 길에 호남고속도로에서 장대같은 비로 앞이 보이질 않았고 브레이크를 잡는 순간 수막현상으로 물 위를 날아 앞차를 추돌하였다. 순간 오른손으로 조수석 아들을 창밖으로 튕겨 나가지 못하게 움켜잡았다.

뒷좌석 아내와 딸은 곤한 잠을 자는 중 날벼락을 만나 시트에 처박히고 안경이 날아갔다. 앞차는 추돌 순간 깜짝 놀랐지만, 워낙 비를 퍼부어 내릴 수가 없어 비상 깜빡이를 켜고 조심스럽게 운전하여 한참 가다가 갓길에 주차했다.

죄송하다며 공손히 인사를 드리고 원하는 조치를 해드렸다. 명절이라 차량 수리가 어려워 내려올 땐 장인께서 보닛 모서리를 철사로 동여매 주셨다. 안전운전을 하며 장인어른과 함께 광주로 내려왔다.

11) 2022년 허리 통증에 수영이 좋다 하여 재활 치료차 아내를 따라 수영장에 다녔다.

왼쪽 어깨 통증으로 수영하기 불편하여 전에 두 번이나 수술했던 (문영래)정형외과를 찾아갔다. MRI 촬영 결과 종전 수술했던 부근이 끊어졌다 하여 수술하였는데 수술 후 기흉(공기가슴증)으로 21세기 응급실로 실려가 일주일 동안 폐에서 공기를 빼고 살아났다.

와! 자그마치 열한 번의 사고로 산전수전 다 겪었다. 수영 미숙과 고속도로 추돌사고는 초인간적 힘이었던 것 같고 나머지 사고는 기적이 아니었는지 하는 생각이 든다.

특히 두 번의 교통사고 땐 형찬 형과 남열 친구가 바람처럼 나타나 구조를 해준 생명의 은인이다.

오직 하나뿐인 내 생명 하느님께서 보살펴 주셨음에 사는 그날까지 이웃 사랑 실천에 최선을 다하며 살아갈 것이다.

# 내 삶의 시작 광주

**#1**

1967년도 내 인생 첫 입시 '서중'에 도전하려 했을 때 김영곤 선생님은 나에게 넌 서중에 몇 개 차로 떨어질 것이라고 예측했다. 광주에 함께 동행했었고 시험 끝나고 결과만 보고받고 내려가셨다. 결과는 선생님께서 적중하셨다. 4개 차로 떨어지게 되었는데 시험은 왜 그리 쉬웠던지 우리가 공부했었던 문제가 100% 적중했었다. 모든 시험지를 받고 나서 10분 만에 다 풀었다. 단 나의 단점인 국어, 음악을 못했기에 두 과목에서 실패했다. 조대부중을 가고 싶어 외숙께 말씀드렸다.

부중은 왠지 싫어하셨다. 외숙 마음속엔 광양중학교 은사님이셨던 박상훈 교장선생님을 마음에 새기셨던지 숭의중학교에 내 이야기를 해두셨던 모양이다. 교장선생님께서 무척 다정다감하게 반겨주셨으며 꼭 안아주셨다. 장상원, 신희석 선생님과도 친숙했다. 서중 한 고

사장에서 만났던 원용이, 정선이도 한 반이 되었다.

국민학교 때 어린이 회장 경험으로 대의원이 되었고 조정환 선생님 덕분인지 교내 미술대회에서 우수상을 받았다. 광양 특유의 억양 때문에 친구들 놀림이 있었는데 짜증과 화가 나서 보육원 친구를 때리게 되었다. 비겁하게 친구들이 패거리로 몰려왔다. 수업 전후 등하교 시 선생님 뒤를 따라다니며 오래도록 피해 다녔다. 외숙 집에 살면서 자전거 통학을 했는데 동생들이 여섯 명이나 되고 대가족 뒷바라지에 힘들어하셨던 외숙모님의 수고를 덜어드리기 위해 누나와 같이 외숙 집을 나왔다.

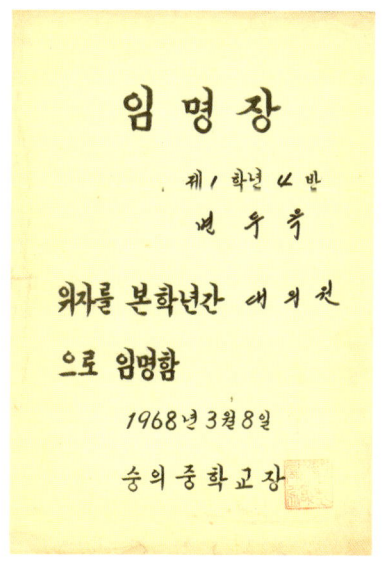

임명장

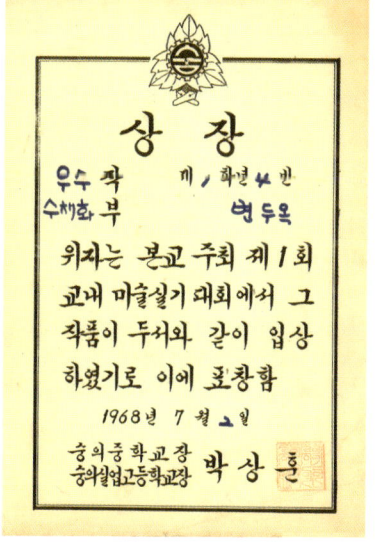

수채화부 상장

중1 가을소풍

#2

학교 가까이에 있는 오학기 선배 집에서 새 둥지를 틀게 되었다. 누나는 디자이너가 되기 위해 친구들과 함께 열심히 했고 사는 동안 도둑도 맞았고 연탄가스로 죽을 고비도 겪었다. 누나는 훗날 디자이너가 되어 충장로에서 활동했고 변지유 의상실과 언니, 동생 인연도 되었다. 난 그때 원용이가 첫 친구였는데 북중으로 전학을 가서 선형이를 소개해 친구가 되었다.

현승, 정선, 재열, 창원, 명신이와 참 친하게 지냈으며 담임 선생님 지시로 장기 무단결석한 친구를 방문했다가 도청 앞에서 아이스케키 장사를 하고 있는 친구를 만나게 되어 원용이 집에 데려가 아이스케키를 128개씩이나 먹었던 추억도 있다 (주정록 그 친구는 지금쯤 어떻게 살고 있을까?). 원용이와 함께 금남로에서 자전거 타고 가다가 맹장 수술한 아주머니를 받게 되었는데 담임 선생님께 가서 치료비를 빌려 보상했던 추억도 있다. 광주에 삶의 시작이 그리 순탄치 않았던 것 같다.

## 첫 유럽연수로 넓은 세상을 보다

 1980년 5·18 민주화운동으로 심신이 피폐하고 공부에도 의욕이 없던 암울한 시절을 보내고 1년 후 나에게 행운이 따라왔다.
 대한민국 최초로 국내 유럽 연수 1기에 선발됐다. 문교부에서 주관하였는데 대학생 희망자만 자비를 부담하는 조건이었다. 156만 원이나 드는 큰돈이었다. 기댈 곳은 아버지뿐이었다.
 자식이 희망하는 대로 적극 지원해 주신 아버지를 알기 때문에 걱정은 안 했지만, 우리집 형편에 목돈은 부담될 것이 뻔했다. 아버지는 큰돈을 어떻게 마련했는지 다녀오라며 쾌히 승낙해 주셨다.
 당시만 해도 해외에 나간다는 것은 선택받은 자들만의 몫이었다. 아버지의 도움이 없었다면 못 나갔을 것으로 생각하니 고마웠다. 생각해 보니 아버지는 나의 앞길을 열어준 혜안이 있는 분이셨다.
 생애 첫 해외로 출국하는 날은 설렘으로 꿈을 꾸는 기분이었다. 나에게도 이런 행운이 돌아온 것에 감사했다.

영국에 대한 정보도 부족했고 머무르면서 생활할 준비물도 미흡했다. 달랑 구두 한 켤레에 정복 추리닝을 가지고 갔었다. 그해 옥스퍼드에 엄청난 눈이 내렸다. 추위를 감당하기에는 신발이며 옷이 부실하여 학교를 다닐 수가 없었다.

주인 아들 존이 헌 고무장화를 줘서 신고 다녔다. 옷도 없어 가게에 들어가 물어보니 한국과는 비교할 수 없이 비쌌지만 따뜻한 스웨터를 사 입었다.

기초반에서 영어를 배우며 공부했던 체험은 나에게 큰 도움이 됐다.

영국 옥스퍼드 hurst street 75번지
1개월간 홈스테이 주인과 딸 아일린

부푼 꿈을 안고 간 영국에서 힘든 일도 겪었지만 한 달간의 여정을 잘 마치고 귀국하였다.

영국에서 홈스테이하면서 알게 된 집 주인 아들 존을 한국으로 초청하여 외국어학원을 경영해 보려는 계획도 생각해 보았다. 추위에 발이 시려 학교에 갈 수 없을 때 신발을 빌려준 존에게 고마운 정으로 운동화를 사서 보내준다는 약속도 했었다.

그러나 귀국하자마자 동생의 사고로 그 약속을 지키지 못했다. 대한민국과 내 자신의 명예를 실추시켰던 것이 부끄럽고 송구하다.

존에게 고맙고 미안한 정 때문에 필리핀 한인회장 친구, 영국에서 치과의료 영업하는 친구 아들, 여행사 사장 후배 등 여러 경로로 존을 한국에 초빙하려고 편지도 보내고 알아보았지만 지금까지 연락을 접하지 못했다.

그나마도 내 양심의 뜻을 전달하려고 최선을 다했다는 것이라도 알아주었으면 한다.

나에게 큰 꿈을 심어주었던 영국 연수는 살아가는 데 이정표가 되었다. 무엇이든 도전할 수 있고, 살아가는 데 용기를 심어준 값진 체험이 되었다.

'세상은 넓고 할 일은 많다'고 한 김우중 회장의 어록처럼 무한한 꿈을 펼치는데 영국에서의 체험은 나의 가슴을 활짝 열어준 계기가 되었다.

# 전국 대학생 옥스퍼드 연수 명단

### Rooming List of AW-Student Party

| Room No. | Name of passenger | Date of Birth | PPT. NO. | Remarks |
|---|---|---|---|---|
| | Prof. Hong Sung-myun | 04/17/1938 | | Team Leader |
| | Mr. Park, Byung-ho | 10/21/1953 | | Assistant " |
| 제A조 로장 ① | Mr. Choi, Chang Yeul | 06/24/1948 | | Tour Leader |
| | Mr. Lee, Myun-soo | 04/03/1961 | | Student |
| ② | Mr. Cho, Kwang-won | 12/31/1963 | | Student |
| | Mr. Yoo, Keun-won | 06/30/1961 | | " |
| ③ | Mr. Chun, Tae-joon | 04/21/1963 | | " |
| | Mr. Park, Jong-wook | 12/01/1962 | | " |
| ④ | Miss Kim, Dong-hee | 09/01/1958 | | " |
| | Miss Park, Mi Sun | 11/12/1961 | | " |
| 제B조 로장 ① | Mr. Hong, Sung-kwon | 03/22/1956 | | " |
| | Mr. Yoon, Sung-soo | 03/18/1960 | | " |
| ② | Mr. Lee, Young-wook | 07/29/1959 | | " |
| | Mr. Han, Chul | 06/02/1962 | | " |
| ③ | Mr. An, Byung-ho | 11/03/1958 | | " |
| | Mr. Chae, Hong-gue | 11/08/1961 | | " |
| ④ | Miss Cha, He-ra | 07/03/1958 | | " |
| | Miss Kim, Mi-kyun | 12/25/1959 | | " |
| 제C조 로장 ① | Mr. Byun, Doo-ok | 04/10/1955 | | " |
| | Mr. Kim, Jong-hwa | 03/07/1958 | | " |
| ② | Mr. Song, Chang-hoon | 11/13/1960 | | " |
| | Mr. Kim, Soon-hyung | 03/28/1960 | | " |
| ③ | Mr. Kim, Chang-won | 06/13/1961 | | " |
| | Mr. Lee Seung | 11/17/1961 | | " |
| ④ | Mr. Kim, Joong-soo | 06/26/1961 | | " |
| | Mr. Lee, Tae-hwan | 09/10/1960 | | " |

# 옥스퍼드 홈 주소 1

List of Host Families

✓ Mr. Kim, Jeong Soo
　Mrs. Collier　　　　#63 Burnwood Road Headington, Oxford　TEL 67330

　Mr. Kim, Chang Won
　Mrs. Cook　　　　　#130 Leiden Road Headington Oxford　　TEL 60224

　Mr. Kim, Jong Hwa
　Mrs Smith　　　　　#439 Cowley Road Oxford　　　　　　　TEL 772448

　Mr. Byun Doo-ok
　Mrs. Bearn　　　　　#75 Hurst Street Oxford　　　　　　　TEL 723433

　Mr. Kim, Soon Hyung
　Mrs. Parker　　　　#3 Thames View Road Rose Hill Oxford TEL 775380

　Mr. Song, Chang-hoon
　Mrs. Adkins　　　　#335 Marston Road Oxford　　　　　　TEL 40608

　Mr. Lee Seung
　Mrs. Phillips　　　#122 Headley Way Oxford　　　　　　　TEL 67618

　Miss Cha, He-ra
　Mrs. Last　　　　　#21 Marsh Lane Headington Oxford　　　TEL 62532

　Miss Suh, You-you
　Mrs Thomas　　　　#4 John Buchan Road Headington Oxford TEL 60306

　Mr. Yoon, Sung-su
　Mrs. Dale　　　　　#93 Evans Lane Kidlington Oxford
　　　　　　　　　　　　　　　　　　　　　Tel: Kidlington 77471

　Mr. Hong Sung-kwon
　Mrs. Rass　　　　　#5 Harts Close the Grovelands Kidlington
　　　　　　　　　　　Oxford　　　　　Tel: Kidlington 4844

　Mr. Lee Young Wook
　Mrs. Akinson　　　#7 Lynworth Mews Headington Oxford　Tel:60730

　Mr. Han Chul
　Mrs. Adams　　　　#156 Old Road Headington Oxford　　　Tel:65643

　Mr. An, Byung-ho
　Mrs. Odea　　　　　#131 Divinity Road Cowley Oxford　　　Tel;725291

# 옥스퍼드 홈 주소 2

대한민누 (규정)

| | |
|---|---|
| Mr. Chae, Hong-gue<br>Mrs. Ewers | #24 John Buchan Road Headington<br>Oxford　　　　　　　　　　Tel: 62219 |
| Mr. Chun, Tae-joon<br>Mrs. Butler | #75 Hugh Allen Crescent Marston<br>Oxford　　　　　　　　　　Tel: 724234 |
| Miss Kim Mi-kyun<br>Mrs. Tyler | #126 Cumnor Hill Oxford　Tel: Cumnor 3361 |
| Mr. Cho, Kwang Won<br>Mrs. Gomm | #154 Barnes Road Cowley Oxford　Tel: 770109 |
| Mr. You, Keun-won<br>Mrs. Brandon | #46 Leiden Road Headington Oxford Tel: 62400 |
| Mr. Lee, Tae-hwan<br>Mrs. Dykes | #2 Watermead Mill End Kidlington<br>Oxford　　　　　　Tel: Kidlington 6877 |
| Miss Park, Mi-sun<br>Mrs Maclean | #16 Oliver Road Cowley Oxford　Tel: 385808 |
| Mr. Lee, Myun-soo<br>Mrs. Butler | # 48 Western RoadGrandpont Oxford Tel: 45095 |
| Miss Kim, Dong-hee<br>Mrs. Dallimore | #7 Ojarry High street Headington Oxford<br>　　　　　　　　　　　Tel: 63535 |
| Mr. Park, Chong-wook<br>Mrs. Eaton | #22 Cardinal Close Littlemore Oxford Tel:772137 |
| Mr. Park, Byung-ho<br>Mrs. Rich | #　Harpes Road Summerton Oxford　Tel:58460 |
| Mr. Choi, Chang-yeul<br>Mrs. Lewis | #263 Adingdon Road Oxford　　Tel:40085 |
| Prof. Hong Sung-myun<br>Mrs. All day | #364 Marston Road Oxford　　Tel:45551 |

## 지우고 싶은 이야기

대학 입시를 준비하기 위해 몇 개월간 서석동 하숙집에서 같은 반 승재와 함께 살았다.

친구 현기와 나는 대학 입시에 실패했다. 낙방의 쓰라림은 겪어본 사람만이 아는 법이라 그해 겨울은 날씨만큼이나 내 마음도 너무 춥고 쓸쓸했다.

현기는 군에 입대하고 나는 재수보다는 현실이 급해 전문대에 입학하는 것으로 결정하였다.

입학 후 과 대의원으로 활동하면서 지도교수 폭언 사건으로 학생들과 시비가 벌어졌다. 우리 과 학생들은 항의 표시로 수업 거부를 결의하고 지산유원지로 집결했다.

부대의원인 승민이와 나는 이번 사건을 두고 학교 측과 어떻게 대응

할 것인가에 대해 고민하였다. 개교 이래 처음 발생한 일이라 학장을 비롯하여 학생처에서도 문제의 심각성을 인식하고 학생 측과 대화를 시도 했다.

학장과 학생처장 등 학교 측과 논의 끝에 지도교수의 공식 사과를 전제로 수업에 임하기로 합의하였다. 그러나 학생처는 잉크가 마르기도 전에 수업 거부를 주동한 학생들을 불러들였다.

학교 측의 술수에 말려든 것 같기도 하고 허탈하였다. 이럴 수는 없어서 내가 총대를 메기로 하였다. 비겁하게 물러서지 않고 책임지는 모습으로 임했다.

선배들과 동료 다수가 선동하여 시작되었지만, 그들에게 일방적으로 책임 전가하기가 양심상 허락지 않았다.

나와 승민이가 학과 대표로 학생처로 불려 들어갔다. 나는 당당하게 "내가 다 책임지겠습니다."고 말하니 승민이는 학과로 보내주었다.

며칠 후 나를 '무기정학에 처한다.'는 공고가 벽에 붙었다. 나는 오도 가도 못한 신세가 되어 버렸다.

한 학기 동안 학생처에서 근신하면서 반성문을 써야했다. 그 당시 긴급조치 9호가 발동된 유신 시대로 시국이 얼어붙은 때였다.

내 이름 석 자가 게시판에 공고되면서 학내 선후배들과 동료들이 다 알게 되었다. 동료들이 위로 한답시고 한동안 발걸음이 지속되었지만, 시간이 갈수록 뜸해지기 시작했다.

모두 제 살자고 피했고 황야에 선 나그네처럼 결국 나 혼자만 희생

양이 된 것이다.

세상사 다 그런데 나만 몰랐다. 헛웃음만 나왔다.

'모난 돌이 정 맞는다'는 속담처럼 모른 체 하고 가만히 있었으면 탈이 없었을 텐데 앞장서 해결한다고 나섰더니 나만 피해를 본 것이다.

그러나 비굴하게 행동하지 않은 것에 대해 잘했다고 생각한다. 누군가는 해결해야 하고 모두에게 피해 가는 것을 나 혼자서 막아 냈으니 친구들에게 체면도 섰고 부끄럽지 않은 일로 기억하니까 말이다.

사태가 진정 되고 승민이는 동국대 전자공학과로 편입학하여 졸업 후 중소기업 사장이 되었다는 소식을 접했다.

백형래 지도교수님의 추천으로 명지대 특별장학생의 자리를 마련해주셨는데 가지 못했던 길이 한편으로 너무 아쉬웠다.

한 학기 동안 근신을 마치고 위로와 의리로 부산 여행을 함께한 승호와 철상 친구의 고마움은 잊지 못한다.

# 5·18 민주화 운동

1980년 나는 제대 후 복학을 했다. 민주화 시대가 도래하면서 대학가에도 학내 문제로 시끄러웠다. 나는 학생회장을 꿈꾸며 현찬 선배를 만났고 학교에 다니던 중 녹호회가 발기되었다. 조선대학교에서 불철주야 박총장 퇴진 철야농성이 지속되고 있었고, 전남대학교에서는 '긴급조치 9호 해제' 시국 투쟁이 이뤄지고 있었다. 시국 투쟁엔 군경이 투입되었지만 학원 자율화 문제는 군경 투입은 없었다.

조선대에서 피켓과 프랭카드를 들고 박총장 퇴진 시위대가 도청 앞으로 먼저 나왔고, 뒤늦게 전남대 시국 투쟁 학생들이 도청 앞에 나옴으로써 맞닿은 것이 5·18 민주화운동의 도화선이 된 게 아닌가 생각한다.

학생들은 민주화를 외쳤고 정부는 결사적으로 막아내는 물러설 수

녹호회 창립

없는 살벌한 현장이었다.

총과 대검을 무장한 공수부대 군인들은 평화롭게 시위하는 학생들을 향해 무자비하게 공격을 해왔다. 학생이든 민간이든 개머리판으로 치고 군홧발로 짓밟고 포박하여 트럭에 짐짝처럼 실었다.

전역한 지 얼마 안 된 나는 피 끓는 청춘이었다.

나는 마치 종군기자처럼 끼어 다니며 전남도청 앞에서부터 광주일고, 유등삼거리, 돌고개, 통합병원까지 정선이와 시위대에 합류하였다.

주민들은 전차가 지키고 있다며 가지 말라고 말렸고 정선이와 나는 양동에서 헤어졌다.

그 무렵, 조선대학교 불교학생회 회장과 동문회 활동 중이던 전자공학과 김동수 아우가 전남도청 앞에서 총에 맞아 사망했는 사건이 벌어졌다. 시위는 격화되고 이에 맞선 계엄군은 더욱 극렬해졌다.

종배 형이 총지휘하는 시위대는 도청을 장악하였다.

나는 동문회장으로, 총학생회장이었던 현찬 형의 협조와 학내 배치된 정보과 경찰의 협조로 통학 버스를 지원받아 동수 장례를 힘겹게 치렀다. 동수를 박관현 열사 곁에 고이 잠들게 하였다.

얼마 지나지 않아 이번에는 양수가 행방불명되었다. 걱정하시는 양수 부모님을 위해 현기랑 모두 모였다. 우선 양수를 찾는 데 최선을 다하기로 하였다,

훗날 알았는데 균수 아우도 동수가 사망했을 때 현장에서 총탄에 맞았고 양수는 진압 차량에 실려 갔던 것이다.

우여곡절 끝에 양수는 반죽음 상태로 겨우 살아왔다. 살아온 것 만해도 천운이었다.

이렇게 동료들이 죽임을 당하고 살아난 사람도 산 것이 아니었던 처절한 현장이었다.

무도한 전두환 정권에 맞선 그날의 시위는 목숨을 내걸고 투쟁한 거룩한 역사였다.

돌아보면 5·18 민주화운동은 군사정권의 종말을 가져왔고 민주정부의 탄생을 가져오게 한 시발점이 되었다.

돌아가신 영령께 삼가 명복을 빌면서 그분들의 뜻이 헛되지 않도록 마음을 다진다.

# 군에서 세 차례 죽을 고비

**#1**

첫 번째 죽을 뻔했던 사건이다.

AOP에 부식을 분출하고 돌아오는 길에 GMC 차량 브레이크 파열로 인해 차량 제어는 안 되고 위급한 상황이었다.

왼쪽은 양구 2사단이 보이는 천 길 낭떠러지이고 오른쪽은 12사단 산꼭대기였다. 어느 한쪽으로 떨어져도 죽은 목숨이었고 시신 찾기도 힘든 상황이었다.

우리의 목숨은 오직 운전병 김상기의 핸들에 달려 있었다. 그는 오직 앞만 보며 운전대를 잡고 외길뿐인 길을 브레이크 없이 오르막 내리막 굴러가고 있었다.

약 4킬로쯤이니 왔을까 내가 타고 있는 조수석 쪽에 산봉우리가 나타나자, 운전대를 순간 조수석 쪽으로 꺾었다. GMC 트럭은 속도가 있어 바로 처박히지 않고 산으로 기어 올라가다 뒤집어졌다. 앞바퀴는 하늘을 향해 뒹굴고 있었고 정신을 차린 우리는 문을 열고 기어 나왔다.

"상기야, 우리 살았다." 둘은 서로 보듬고 살아 있음을 확인했다.

나는 "어찌 된 일이냐?"고 물었다. 상기는 브레이크 U실린더 핀이 빠졌다고 했다. 상부에 보고하자 했더니 상기는 "그럼 차량 정비 불량으로 영창 가야 한다."고 했다.

그럼 어떻게 해야 하나 걱정하다가 상기는 오던 길로 가면서 U실린더 핀을 찾으러 나섰고 나는 김응용 소대장님께 사실대로 보고 하였다.

김 소대장은 알았다는 말과 동시에 수색대 전원이 모든 장비를 동원하여 출동하였고 상기는 눈썰미가 있었던지 U실린더 핀을 찾았다면서 좋아했다.

천운으로 목숨을 건지고 소대장의 재량으로 사건은 잘 수습되어 천만다행이었다.

#2

두 번째로 죽을 고비를 넘긴 사건은 다음과 같다. RG4 기지에 쌀이 떨어졌다기에 긴급 자재 통신대 무전차로 연락했다. 화물칸에 쌀을 가득 싣고 RG4 기지에 도착하여 주차 후 취사장 근무자들을 올라오라고 소리치고 있을 때, 50m 낭떨어지 아래에서 날 보며 역으로 알지 못한 소리를 지르고 있었다. 나도 모르게 무의식적으로 뒤돌아보는데 주차된 차가 날 향해 슬슬 굴러오고 있었다. 사이드 브레이크가 풀렸던 모양이었다.

백운찬 기사가 신속히 차안에 뛰어들어 사이드 브레이크를 잡아 당겼다. 순간 쌀 포대가 우르르 쏟아지면서 내 종아리를 쳤고 쌀 포대는 동시에 차와 부딪치며 차를 멈춰 세웠다.

그 차가 멈추지 않았다면 차와 난 50m 급 낭떨어지로 떨어져 즉사했을 것이다.

기적이었다.

#3

1979년 10월 26일 갑자기 조기가 게양 되면서 박정희 대통령 서거 방송이 들렸다. 얼마 후 GOP가 뚫렸다면서 몇 명의 북한군이 넘어왔는지 진돗개가 발동되면서 완전군장에 전시체제로 들어갔다.

상황은 급박하게만 돌아가고 대간첩작전이 실시되었다. 2사단, 12사단, 21사단, 3개 사단의 합동작전이 펼쳐졌다. 얼마쯤 되었을까? 저녁이 되면 수류탄과 자동소총의 불꽃이 밤새도록 작렬했고 공격과 방어가 수시로 이뤄졌으며 밤의 적막함에 그 어떤 소리로 용납될 수 없는 야간 전투였다.

나의 임무는 군수업무로 보급관(당시 장동기 대위님)과 취사 차량을 끌고 다니며 방어선 진지에다 전투식량과 급식을 공급하는 역활이었다. 상황은 미묘하게 전개되었다.

　북한군과 싸우는 것이 아니라 적의 교란과 침투에 휘둘려 아군 간에 교전이 연속되었고 사령부 명령, 암구호와 비표시는 수시로 바뀌어 전투하는 군인들도 혼란스러울 정도인데 농민들에게 전달이 되었겠는가? 농민을 적으로 오인하여 사살했다는 정보를 접했다.

　당시 군에서 일어난 사건은 사회에 일체 보도되는 일이 없었기에 그때의 사건은 군 기록엔 남아있겠지만 사망자는 얼마나 발생했는지, 모를 일이었다. 북한군은 몇 명이 넘어왔고 몇 명이 사살 되었는지 알 수 없는 상황에서 전투 중 목숨을 걸고 다녔다.

　만약에 지휘관의 잘못된 판단으로 공격과 방어 명령이 잘못된다면 순간에 모두가 죽을 수 있겠다는 실감도 했다. 언제나 아군끼리 교전하는 총소리가 멈출 것인지 제대를 앞둔 말년에 불안과 공포의 나날이었다. 살아서 무사히 전역했던 것도 행운이었다.

　훗날 우연하게도 노동위원회에서 조정일을 하면서 윤영복 조정과장을 만나게 되었는데 당시에 군복무를 했다며 10·26과 잊지 못할 대간첩작전 그날의 기억을 얘기했다.

　최근에 상영한 영화 '서울의 봄'을 관람하면서 그때의 숨 막혔던 사건의 진실이 퍼즐처럼 맞춰지면서 그날의 일이 떠올랐다. 당시의 숨 막혔던 사태와 영화가 오버랩 되면서 그릇된 일부 정치군인들의 행태에 분노의 감정을 추스릴 수가 없었다.

## 군대에서 겪었던 이야기

1977년 5월 20일 광주 서림초등학교에 1,500여 명 가량이 모여 입대하게 되었다.

친구 현기가 전역 후 바로 내가 입대하게 되었다. 현기와 헤어지는 악수를 하고 광주역에서 기차에 오르려 하는데 처음 본 여성분이 날 보자고 하였다. 그 여성분은 큰 보자기를 주면서 내 옆에 철용 씨가 앉아 있는데 가는 중에 같이 나눠 먹으라 하였다. 보자기를 발밑 의자에 넣어 두고 한참 가던 중에 철용 씨에게 건네주었다.

철용 씨는 당시 29세로 의대를 다니다가 건강이 좋지 않아 늦게 군에 입대하게 되었다고 말했다. 아가씨가 선물한 보자기를 조심스럽게 풀었는데 곱게 만든 김밥이었다. 태어나서 이렇게 맛있는 김밥을 먹어 본 것은 처음이었다.

의자에 6명이 마주 보고 앉았는데 그 사람들도 김밥 맛에 감탄하였다.

김밥의 추억을 멀리 보내고 기차는 드디어 논산역에서 멈췄다. 우리는 논산훈련소 23연대에 입소하였는데 함께 붙어 다녔다.

준욱, 민 총장 아들, 철용 형 등이다. 민 총장 아들은 키가 작다고 훈련소에서 귀가 조치 되었다. 준욱과 철용 형 나는 한 소대에 배치 되었다.

총검술, 태권도는 유단자였기에 교관이 날 알아보고 열외 시켜 조교역을 했다. 사격장 군기는 훈련 강도가 힘들었다.

구보할 때는 총, 철모, 단독 군장을 진욱이와 내가 나누어 가지고 뛰었다. 어렵게 6주간의 훈련을 마치고 후반기 자대 배치를 받았다.

나는 원주 통신훈련소로 가게 되었고 ROC 주특기 훈련을 받았다. 극빈 친구들은 모두 대전 통신학교로 배치받았다.

일석점호 중에 갑자기 배가 아파 죽는 줄 알았다. 급성 맹장으로 원주 통합병원으로 후송되어 수술을 받게 되었다.

병원에서 마침 광주 여고생을 만나 나의 상태를 부모님께 알려드리고자 쪽지를 전해 주었다.

부모님께서 찾아와 면회하게 될 때는 병원에서 불명예로 퇴원하게 되었을 때다.

병원 중환자실 침대에 누워 있는데 응급환자가 들어와 밤새도록 죽겠다며 소리를 지르고 신음하는데도 어느 한 사람 거들떠보지도 않았다.

나도 몸이 아파 힘들게 일어나 보니 내 머리 곁에 불침번 명단을 주고 모두 자는 것이다. 내가 불침번 서면서 그 환자에게 다가갔더니 침대를 좀 오르락내리락 해달라는 것이다.

그 사람은 말년 병장인데 작업 다녀오던 중에 내리막길에서 GMC 브레이크 고장으로 처박히면서 복부 파열과 팔 하나가 부러졌고 엉덩이 반쪽이 날아가 버린 중상을 입었다고 한다. 전신을 움직일 수도 없는 상태가 되어 있었다.

나는 그 환자를 날이 새도록 간호하고서 잠깐 새벽 기도를 다녀온다고 병원 교회에 가서 기도를 드리고 왔다.

그 사이 고참들 몇 명이 내가 돈을 훔쳤다며 도둑으로 몰았다. 수술로 배를 10바늘이나 꿰매서 자유롭지도 못하는 나를 샤워실로 끌고 가 폭행을 하는데 반항도 못하고 반죽음 당했다.

억울하고 분했지만 군대라는 특수 집단만이 허용되는 치외법권 지역이라 참을 수밖에 없었다.

불명예 퇴원을 하여 퇴원할 때까지 훈련소장실에서 근무하며 면회실 담당을 하고 있었다. 내 주특기 ROC(모르스부호)후배 기수가 입영되지 않아 RVC(무전병) 주특기로 바뀌어 4주간 교육을 마치고 자대로 배치되었는데 12사단 51연대 1대대 통신대였다.

자대에 배치되자마자 연대 훈련(RCT)이 시작되었을 때는 10월 말에서 11월 초였는데 전방이라 날씨가 혹한의 추위였다.

훈련도 마쳤고 홀가분하게 철수하는데 동료 한 사람이 총을 분실한

12사단 51R GOP 에서

것이었다. 총은 생명과도 같이 취급해야 하는데 분실한 대가는 혹독했다. 통신대 전원은 소양탕을 하게 되었는데 나만 졸병이었고 나머지는 고참들이었다. 영하 13도의 날씨에 소양탕이라니 상상할 수 없었다.

한 시간쯤 지났을까, 전신 알몸으로 무릎까지 찰랑거리는 물속에서 견딘다는 것은 고행이었다. 흐르는 물속이 그렇게 그리울 줄이야. 지휘관이 취침이라는 구령이 떨어지면 물이 배 위를 찰랑거리고 기상 소리가 나 일어나면 전신이 살얼음이었다.

물속에서 취침 기상을 한 시간쯤 하고 나오니 전신이 동태처럼 얼어버렸다.

한 사람의 실수로 단체 얼차려를 받았는데 고참 두 명은 들것에 실려 의무대로 갔다. 우리는 전신이 얼었고 더구나 작은 돌들이 엉덩이며 몸에 달라붙어 떼기도 힘들고 팬티를 입는 데 몇 분이 걸려야 입을 수 있었다.

고난의 행군은 여기서 끝나지 않았다. 이번에는 사병 고참이 또 우리를 괴롭혔다. 대구 사투리를 하는 고참이 분풀이로 '대가리 박아!'로 시작하여 구타까지 하는데 견디는 내 몸이 대단하였다.

밤하늘에 훤하게 뜬 달빛이 휴전선을 비추는 초겨울 밤, 나도 모르게 눈물이 주르르 흘러내렸다.

어느 날 참모부 보급관(김학수 대위님)이 조용히 날 불러 군수 업무를 보라고 하여 승낙했고 업무를 알려 주었다.

500여 명이 먹는 일종 수령 불출 소모 대장과 차량 급유 소모 대장을 확인하고 계산기를 두들기며 장부와 현물을 맞추는 일로 쉽게 적응하였다.

한번은 대대장께서 참모부 대표로 태권도 대회에 출전하라 하여 합숙까지 하게 되었다. 나의 선임이 있는데도 그 사람은 뒷배경이 있는지 언제나 부산에서 휴가 중이었다. 휴가를 마치고 귀대하면 양주에 양담배를 가득 가져와 장교들에게 나눠 줬고 좀 있으면 또다시 휴가 가는 것이었다. 그 사수 덕으로 난 전역 때까지 혼자 일을 다해야 했으니 참 복도 없는 군대 생활을 했다.

한번은 태권도 합숙 훈련 중에 사단 감찰검열이 왔었는데 소모 대장 정리가 안 되어 장부상 현물이 많이 남아 백미, 압맥, 밀쌀, 화랑담

배를 압수당했다. 그날 닭고기가 입고되었는데 닭 세 마리가 없어졌다. 취사장에서 정보과, 통신대, 의무대, 고참들이 졸병에게 시켜 가져간 것이다. 말년 고참 8명이 걸렸는데 대대장은 팀 스피리트 훈련에 참가 중 이였고, 부대대장이 연대장께 지휘 보고로 영창은 안 보내고 중노동으로 대치하기로 하였던 적이 있다.

그 시간부로 본부 중대장에게 인계되었는데 태권도 합숙이 일시적으로 중단되고 나는 졸병이라 똥을 푸고 고참 8명은 똥을 운반해서 산속 웅덩이에 버리는 중노동을 하였다.

똥을 푸다 보니 요령이 생겨 한 방울의 오물도 흘리지 않고 푸는 비법도 알았다. 똥을 푸면서 느낀 점은 사회에 나가서도 똥 푸는 일이라면 잘할 자신이 생겼다.

식사도 화장실 옆에서 하였다. 하루는 장대비가 종일 내렸다. 나는 비를 맞지 않고 똥을 푸고 있었지만, 고참 운반조는 똥이 장대비에 튕겨 옷이 범벅이 되었다.

온종일 비를 맞고 똥을 운반하는 그 모습은 생각조차 하기 싫다.

당시 주변 부대에 1대대 팬텀기 사건이라 하면 모르는 사람이 없었다. 고참들은 저녁이 되면 코피를 흘린 사람도 있었다. 목욕탕에서 비누칠을 몇 번을 하고 씻어내어도 내무반에 들어오면 몸에 밴 냄새는 가시지 않았다. 내무반은 구린내로 진동했고 왕고참들이 곤욕을 치르는데 감히 졸병들은 숨소리도 못 내고 참았던 웃지 못할 군대 이야기이다.

## 군대에서 만난 동생과의 인연

1959년 9월 17일 동생이 태어날 때 쌍둥이인 줄 알았던 어머니는 출산한 후에도 주먹만 한 크기의 덩어리가 뱃속을 돌아다니면서 아프다고 하셨다. 수술 받으러 가신다면서 논실 할머니와 아버지까지 세 분이 순천 고산병원에 가셨다.

누나와 내가 갓 돌이 지난 동생 해주를 보게 되었다 내가 여섯 살이었고 누나가 14살로 중학생이었다.

나는 배고프다며 보채는 동생을 업고 형재 엄마인 일신 댁께 젖을 먹이러 다녔다.

배가 고파 보챌 때는 누나가 누룽지를 만들어 체에 걸러 우유병에 넣어 먹이기도 하였다.

어느 날은 엄마를 찾으며 온종일 울음을 그치지 않았다. 엄마한테 가자고 타이르면 잠깐 울음을 그치다가 또 우는 동생을 볼 수 없어서

해주 돌 때

큰고모와 난 버스를 타고 어머니가 입원한 순천병원에 갔다.

어머니는 방금 회복실에서 나왔다며 몹시 힘들어하셨다. 동생은 엄마를 보더니 반가워 어쩔 줄 몰라 했다. 어머니는 해주를 꼭 안아주시면서 "오! 내 아들 왔는가. 엄마 보고 싶었지!" 하는데 그 모습을 보고 난 눈물을 흘렸다.

누나가 결혼 후 동생은 광주 서석초등학교 5학년으로 전학해 나와 같이 학교에 다녔다. 나는 부모처럼 알뜰하게 동생을 보살펴주었다.

내가 군에 입대 할 때 동생은 고3이었다. 첫 휴가를 나와 보니 동생은 경희대 법대를 희망했는데 떨어지고 전문대 입학 후 재수를 하고 있었다.

말년 휴가 때는 동생이 공수부대 지원했다는 말을 듣고 부모님은 걱정을 많이 하셨다.

걱정하시는 부모님의 마음을 알고 병무청에 근무하는 최종환 친구에게 부탁을 하여 의무 주특기를 받아 대구군의학교 교육을 수료 후 위생병으로 배치 받게 되었다.

내가 말년 병장으로 전역 날짜가 얼마 남지 않았을 때 행정반으로 전화가 걸려왔다.

혹시 변해주를 아느냐고 물었다. 내 동생이라고 하니까 동생이 12사단 의무대에 배치되었다는 것이었다.

다음날 의무대를 찾아 면회 신청을 하여 원통에서 형제간에 만나게 되었는데 꿈에도 생각지 못한 일이었다. 이렇게 동생을 만날 줄이야. 기뻤고 감개무량했다.

우리 형제는 점심을 먹으며 소주잔을 기울이며 회포를 풀었다. 동생에게 속 장갑과 고무장갑을 사주면서 열심히 식기도 잘 닦고 군 생활 잘 하고 무사히 전역하길 바란다며, 힘들 땐 옆 헌병대 형 친구 두현 형이 경호 소대장으로 있으니 찾으라는 말을 건네고 헤어졌다.

동생과 나, 종환이와 두현 친구.

군 인연은 잊지 못하고 살아왔는데 종환 친구는 동생이 주특기로 인해 사고를 당하게 되었다는 죄책감을 가지고 있었지만 그건 동생의 운명이지 않겠는가?

친구, 잘해주려고 한 마음 고마워. 잊지 않을게

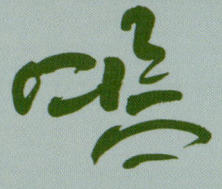

눈부셨던 청춘의 그림자

# 자식을 위한 한평생 우리 어머니

작은외삼촌이 기록한 자서전을 보면
"나는 일제강점기 당시인 1936년 전후인 4~5세 때 형님으로부터 천자문을 공부하다가 막힐 때가 많았다. 그럴 때 옆에서 일하던 누님(어머니)은 언제 외웠는지 가르쳐 주곤 하였다. 형님과 누님의 머리는 천재적인 데가 있다."고 회고하였다.

어머니께서는 당시를 생각하면서 "네 외할아버지와 할머니는 왜 나에게 공부를 가르쳐 주지 않았는지 한스럽다. 날 작은외삼촌만큼만 가르쳐 주었으면 엄마가 이 나라 장관쯤은 진즉 했을 텐데."라며 어린 시절을 떠올리곤 하셨다.

가족 중에는 누나와 조카들이 어머니의 재능을 닮았는지 싶다.

작은외삼촌은 전남대 농대 시절에 이도선 씨와 웅변가로 활약하며 전남 농사원에서 농촌 교도원으로 근무하던 중 1959년 3·15 직전 보성지역 자유당 후보 회유 거절로 교도원 자리가 폐지되었으며 전남경찰국장 변 국장이 차와 사람을 보내 후보 강인협상을 했으나 이를 거절하였다.

1960년 농사원을 찾아가 선배 동지들께 부탁하여 교도원 지원하여 일하다 김보현 전남지사 부름으로 도청 산림계로 발령받았다. 1년 만에 육림 계장으로 승진하고 김보현 지사 지시로 1969년 박정희 대통령 도청 연두순시에 밤나무단지 성공 사례를 브리핑하여 칭찬을 받기도 하였다.

1970년에는 신안군청 산업과장, 1971년 광양군청 산업과장 재직 중 김보현 농수산부 장관의 두 번째 부름으로 1973년 9월 27일 농수산부 감사계장으로 발령받았다.

**어머니
광주광역시장 시상식**

어머니는 해마다 인사 때가 되면 작은외삼촌의 장관 임명 소식을 기대했었다. 노심초사하다 안 된 것을 보면 못내 서운해하셨다. 그만큼 외삼촌에 대한 기대가 컸다.

자식 입장에서 보아도 어머니는 대단히 명석했으며 똑똑하신 분이셨고, 일본어를 유창하게 하시어 일본 한번 다녀오는 것이 꿈이었다.
해진이 교원노조 창립 활동으로 마음고생을 많이 하셨다.
해주 동생이 군대에서 사고로 사경을 헤맬 당시 수도통합병원에서는 가망이 없다면서 관심조차 안 가질 때, 어머니께서는 '우리 아들은 꼭 살아날 것'이라며 간절히 기도하며 지극정성으로 동생을 돌보았다. 어머니의 간절함이 통했는지 동생은 기적같이 살아났다. 진인사대천명盡人事待天命이란 이런 경우를 두고 한 말이었다.

자식들에게는 헌신적이고 희생적으로 사셨다. 어머니는 자식을 위해서라면 당신 몸은 생각하지 않고 온몸을 바치신 분이셨다.
늘 묵주를 손에 들고 사셨으며 돌아가시기 전에 장남의 권유로 가지고 있던 현금을 며느리들과 막내딸 불러 사이좋게 나눠 주시고 나에게는 무거운 십자가를 안겨준다면서 안타까워하시다가 86세를 일기로 주님 곁으로 가셨다.
어머님 살아계실 땐 매일 아침 출근길에 안부 전화로 모자간에 교감했다. 병원에 입원하셨을 땐 매일 새벽 병원에 들러 어머니 손을 꼭 잡고 '힘내세요.'라고 하며 꼭 안아드리고 출근했다.

어머니는 날 지극히 사랑해 주셨다. 어머니가 좋아하시는 물김치는 꼭 챙겨드렸다.

세상 떠나신 후 어머니의 빈자리가 너무 허전하고 외로웠다. 그럴 때면 어머니께 한 것처럼 매일 아침 누나와 전화로 안부를 묻고 남매 간의 우의를 돈독하게 하면서 지낸다.

그리운 어머니!

약속드린 대로 당신이 못다 한 일은 제가 해나가겠습니다. 저세상에서는 마음 편하게 쉬십시오.

동생 해주의 사고로 선산을 잃고 한 맺힌 어머니!

제가 임곡동에 조그마한 감나무 밭을 사서 증조부모님, 조부모님, 부모님 함께 모셔드리고 저희들도 부모님 곁으로 갈 채비를 손주에게 맡기겠습니다. 이렇게라도 해서 어머니 한을 조금이나마 풀어드리렵니다.

오늘 유난히 겨울비가 기쁨의 눈물처럼 내리는 걸 보니 가슴이 먹먹해지네요.

어찌 잊으리오, 어머니의 사랑을!

어떻게 갚으리오, 어머니의 은혜를!

# 그리운 아버지

1921년 12월 27일 태어나신 아버지는 12살 어린 나이 때 어머니(나의 할머니)를 잃으셨다. 세상이 무너지는 충격과 슬픔에 어린 가슴은 멍이 들었고 살아갈 일이 태산 같았다고 한다.

아버지께서는 앞길이 막막해 고민하다가 누구의 도움 없이 집을 떠나 부산에서 통통배를 타고 현해탄을 건너 일본 동경으로 가셨다. 현해탄의 파도는 아버지가 탄 배를 침몰시킬 듯 무섭게 다가왔다. 일본도 못 가고 바닷속으로 수장되는 것은 아닌지 두려움에 떨었다. 처음 가는 미지의 땅이었고 불안과 공포감으로 어린 마음은 얼마나 힘들었을까 생각해 본다.

아버지는 타고난 수완으로 일본 동경에 가서 자전거 생산 공장에 취업하셨다. 일하면서도 공부하는 습관은 여전하셨다. 주경야독으로 공부하면서 일본 생활에 서서히 적응해 나갔다.

운이 따랐는지 일본에서 마침 친구 태석을 만났다. 타국에서 만난 친구라서 서로 외로움을 달래고 의지하며 생활하였다.

자전거 공장에서는 판매가 잘 안될 때는 직원들을 놀지 않게 하려고 분해하고 조립하는 과정을 끊임없이 반복적으로 시키며 힘들게 하였다. 그

아버지 일본에서(학생 때)

덕분인지 아버지께서도 점차 숙련된 기술자로 변해갔다.

아버지께서 일본에 간 지 14년 후 그리던 한국으로 돌아오셨다. 12살 어린이가 26살 청년이 되어 돌아왔으니 얼마나 감개무량했겠는가?

고국에 돌아와 서당을 다니던 중 마음에 드는 친구를 만났으니, 아버지의 운명은 여기서부터 시작되었다. 친구 이름은 서평기 씨였다. 친구분은 잘생긴 인물에 똑똑하고 천재형 머리까지 갖추었으니 아버지도 친구로서 자랑스러웠다.

인물은 인물을 알아본다고 친구 서평기 씨도 아버지가 마음에 들어서인지 친 여동생에게 아버지를 소개하였다고 한다. 여동생은 오빠의 믿음으로 서로 만나지도 않은 채 말만 듣고 결혼 약속까지 했다. 아버지도 친구에 대한 신뢰가 깊어 결혼을 약속하였다.

아버지 친구의 여동생, 그분이 바로 나의 어머니이시다.

결혼 후 누나가 태어난 뒤, 아버지는 일본 생활 중에 벌어 놓은 일을 정리하신다고 출국하셨는데 3년간이나 돌아오지 않으시자 어머니는 일본에서 다른 여자를 만나 결혼한 것은 아닌지 불안해하셨다고 한다.

아버지는 어머니의 마음을 아시는지 모르시는지 일본 생활 정리가 쉽지 않아 오래 있었다고 말씀하시면서 미안해하셨다.

귀국하신 후 형이 태어났는데 두 살 때 감꼭지를 주워 먹어서 목에 걸렸는데 부모님이 미처 발견하지 못해 질식으로 죽었다.

돌 지난 첫아들을 잃은 부모의 마음은 이루 말할 수 없는 슬픔으로 평생 가슴에 묻고 사셨다. 형을 잃고 내가 태어났는데 부모님은 그렇게 기쁠 수가 없었다 한다.

4년 후 아래 동생이 태어났고 7년 후 백중 날 둘째 동생, 10년 후 막내가 태어났다.

백중날 어머니가 찐빵을 만들어 준다며 밀가루 반죽과 팥을 삶아 놓은 채 산통이 와 동생을 낳게 되었다.

다음날 어머니가 못 만들었던 찐빵을 밤실 할머니가 쪄 주었다. 부모님 말씀에 의하면 막내 여동생이 태어났을 때 남동생이 아니어서 별로 즐겁게 생각하지 않았던 것은 여동생은 시집가면 남의 식구로 생각했던 것이다.

우리 아버지는 일본 생활을 한 덕분인지 개화사상을 빨리 습득하

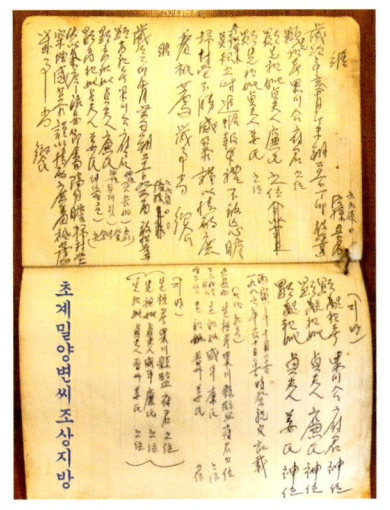 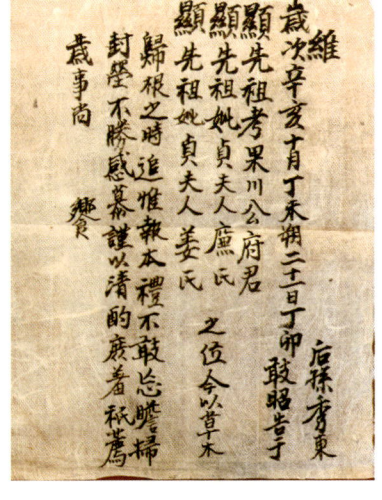

아버님 친필 　　　　　아버님 친필축문

신 분으로 참 멋쟁이셨다.

양복 색상에 맞추어 백구두, 검정 구두, 망사 구두까지 신고 나서면 영화배우처럼 멋진 모습이었다. 날마다 그런 복장으로 신사용 자전거를 타고 출퇴근하셨다.

호사다마好事多魔라고 할까? 아버지의 청춘의 꿈은 할머니가 돌아가신 후 천지개벽을 맞이하였다. 자식을 그토록 사랑했던 할아버지 재혼으로 완전 변해 버렸다.

아버지의 새어머니는 가족에게 모질게 구박하며 아버지, 어머니의 삶을 피폐하게 만들었다.

새어머니의 악행은 옥룡을 건너 광양까지 모르는 사람이 없을 정도로 소문이 났다. 아버지께서는 할아버지로부터 돈 받는 것이 너무 힘들었던지 자식들에게는 돈을 제때 안 주어 학비가 밀린다든지 어려움에 부딪히게 한 적이 없었다.

일찍이 일본으로 건너가 핍박 속에서도 어려움을 이겨내고 청운의 꿈을 안고 귀국하여 건실하게 가정을 이루고 잘 살아 보겠다는 아버지의 소박한 꿈이 새어머니의 구박과 악행이 날이 갈수록 심해져 부모님이 받는 고통은 이루 말할 수 없는 상황으로 내몰렸다.

할아버지가 원망스러웠다. 아버지가 할아버지로부터 용돈 받는 것이 힘들었던 것도 새어머니의 눈치를 보느라 그러신 것 같다.

그 악녀 할머니는 100세 가까이 살다 세상을 떠났는데 착하디 착하신 우리 아버지 어머니는 그만큼도 못 사시고 떠나셨다.

새어머니 악행도, 먼저 보낸 자식의 아픔도, 사고로 다친 자식의 뒷바라지도, 부모님 계신 하늘나라에서는 그런 고통은 없으시겠지요?

아픔은 멀리멀리 날려 버리시고 영원한 안식을 누리소서!

## 아버지 유언을 가슴에 새기며

　아버지께서는 동생 목숨 살리기 위해 광양 밤나무산 10정보를 친구 간에 믿음을 가지고 묘지 측량 안 하고 판 것을 후회하셨다.
　임야는 아버지 친구분에게 일천만 원에 계약서 쓰고 계약금으로 3백만 원을 받아와 식당 금고에 넣어두었다. 며칠 후 서울 동생 목숨 살리기 위해 가지고 갈 돈이었다.
　때마침 친구 재열이가 찾아와 어음을 막아야 한다며 돈 있으면 하루만 빌려 달라고 사정하였다. 친구의 안타까움을 모르는 체할 수 없어 아버지께서 넣어 둔 계약금을 빌려줬다.
　아버지 허락도 없이 빌려준 것은 나의 실책이었다. 아버지 오시기 전에 갚을 줄 알았는데 친구는 함흥차사였다. 속이 타들어 갔다. 어떻게 마련한 돈인데 연락도 안 되고 아버지의 노하신 모습이 아른거려 안절부절못했다.

아버지 돌아오시기까지 지내는 시간은 숨도 못 쉴 정도로 긴장의 연속이었다. 이틀이 되어도 친구가 빌려 간 돈은 돌아오지 않았다.

결국 아버지께 들통이 나고 말았다. 아버지 앞에 이실직고하고 태어나서 처음으로 무릎 꿇고 잘못을 빌었다.

아버지는 자식이 용서를 청하자, 처음이자 마지막으로 말씀한다며,

"첫째도 둘째도 친구 간에는 돈거래하지 말고 특히 절대 보증서지 말아라. 친구 잃고 돈 잃는다."

아버지의 그때 하신 말씀은 나에게 신앙처럼 믿음으로 체화되었고 평생을 새겨두고 살았다.

친구가 빌려 간 돈은 가슴 조이고 애를 태운 끝에 사흘 만에 돌아왔다.

돈이란 무엇인가? 친구 간 믿음이란 무엇인가? 다시 생각하는 사건이었다.

회사에 입사해 정착하여 인정을 받고 있을 때 친구 후배 교사들이 제자들 졸업 때면 취업차 학생 수십 명씩을 회사 사무실로 보내왔다. 인사과에 내 명의로 추천 접수가 된 것이다.

훗날 노사분규가 발생하자 가담한 명단 중에 내가 추천한 직원이 색출되었다. 당연히 나에게 불똥이 떨어져 내가 책임지게 되었다.

좋은 일 한다는 것이 회사에 피해를 주고 말았으니 배신감도 들었

다. 다 내 책임이 되었다. 나에게는 산 교훈이 되었다.

친구가 양동에서 전국적으로도 크게 건어물 물류 사업을 하고 있었다. 어느 날 나도 모르게 아내 약국에 갑작스럽게 찾아와서 2~3십만 원씩을 종종 빌려 갔다. 그뿐인가. 어머니 식당에 와서는 백만 원을 빌려 갔다. 결국 어느 날 자취를 감추고 말았다. 훗날 알고 보니 노름에 빠져 사업도 망하고 도주해 서울로 갔다. 당시 백만 원은 큰돈이다.

무슨 일이 있을 때면 모친과 아내는 나에게 돈 빌려 간 친구를 들먹거렸다. 화도 났고 기분도 상했지만 내 친구였고 나로 하여금 일어난 일이라 묵묵부답으로 대신했다.

훗날 친구에게 이제 밥 먹고 살만하다던데 어머님 산소에 들러 회개하고 아내한테 사과하라 했더니 뻔뻔하게도 내가 언제 그랬느냐고 시치미 떼는 데 할 말이 없었다. 최근에 우연하게 그 사실을 부인이 알게 되어 어머님께 빌린 백만 원을 보내며 아내의 돈은 여력이 없으니 대신 용서를 빌었다.

나이 칠순쯤 되었으니 고해성사로 지난날을 뉘우치고 회개하며 남은 인생 잘 살다 갔으면 좋겠다.

어떠한 일이 있다 하더라도 친구 간에 돈거래와 신원보증 서지 말자.

돈 빌려주고 돈 잃고 친구 잃는다는 아버지 유언을 늘 가슴에 새기며 살아간다.

# 악녀 같은 시어머니와 우리 엄마

 그 당시 모두가 어렵고 힘든 모진 삶을 살았지만 우리 어머니의 삶 또한 한편의 드라마와 같다. 다시는 보고 싶지 않을 드라마다.
 어머니는 늘 삶은 고구마 몇 개를 가지고 베틀에 앉아 북통을 차시고 고구마로 끼니를 때워가며 모시 베 목표치를 짜야만 베틀에서 내려오셨다.
 장날이 돌아오면 며칠 동안 짠 모시베를 머리에 이고 가서 쌀과 바꿔와 쌀독에 채우는 즐거움으로 힘든 일도 보람으로 알고 사셨다.
 그런데 웬일일까? 밑 빠진 독도 아닌데 분명 채워진 쌀독이 줄어들고 다시 채우면 줄어드는 것을 보며 어머니의 시름은 깊어만 갔다.
 도둑이 들어온 것도 아니고 분명 집안에서 벌어진 일이라 내심 말도 못 하고 속앓이만 하셨다. 알고 보니 며느리 모르게 시어머니가 퍼가는 것이었다.

이뿐만이 아니었다. 한 해 동안 정성 들여 키우고 수확기에 접어든 모시와 삼을 잘라버리는 것이었다. 모시와 삼은 어머니가 식구들을 먹여 살리는 생명의 끈이었는데 잘라버렸으니 얼마나 상심이 크셨는지 얼굴 모습은 수심으로 가득했다.

어머니는 이렇게 며느리에게 모질게 구는 시어머니의 행동을 이해할 수 없었다.

또한 가을이 되어 노랗게 물든 벼를 장대로 쓸어버리는 일도 있었다. 엽기적인 시어머니의 행동은 여기에서 끝이 아니었다.

재산 전부를 시어머니의 친자식 앞으로 이전하려고 면사무소에 갔으나 면직원 왈 아버지의 장남이 있어서 안 된다고 하여 할 수 없이 못 하고 온 사례 등 갖은 모략으로 어머니를 못살게 굴었다.

당시 쌀이 부족하여 어머니가 밥을 지을 땐 무우와 보리쌀을 밑에 깔고 그 위에 쌀을 안치고 밥을 해놓으면 시어머니가 약삭빠르게 나와서 할아버지와 아들, 당신 밥을 차려갔다. 며느리 밥은 밑에 있는 무와 약간의 보리만 남겨두고 퍼가는 것이 매 끼였다고 한다.

아버지께서 시어머니 행동을 알아차리곤 밥을 드시다 반쯤 남겨서 밥그릇 덮개를 덮어 슬며시 밥상을 내보내주곤 하셨다.

계모의 갖은 모략으로 살아온 아버지, 어머니를 옥룡, 광양 지역에서 모르는 사람이 없을 정도로 알려졌다.

누나와 내가 철이 들었을 때 어머니께서 살아온 지난날을 어느 날

겨울밤에 얘기하는데 너무 가슴이 아파 밤새도록 누나와 난 울었고 "엄마, 왜 그렇게 억울하게 살아오셨어요?" 물었지만 어머니는 아무 말씀이 없으셨다.

"글쎄 말이다. 내가 복이 없어서 그런 세상을 살아왔단다."

어머니가 겪어야 할 운명으로 알고 체념하면서 살아온 것이다.

한 많은 세월을 인고와 아픔으로 살아오신 어머니의 마음을 어린 시절이라 잘 몰랐다.

지금의 상황과 비교하면 상상할 수 없는 먼 옛날의 얘기로 들린다. 자식을 위해 모든 것을 감내하고 살아오신 어머니의 마음을 위로할 수 없었던 나는 불효자다.

## 외갓집 고모집 가는 길

5~6세쯤으로 기억된다.

어머니는 힘든 농사일로 바쁘신 중에도 지극정성으로 아버지 밥상을 차려놓고 외갓집과 고모 집에 가셨는데 외할아버지 제사나 행사였던 것 같다.

양 가 10리도 넘는 길을 동생은 등에 업고 머리엔 떡이나 음식을 이고 내 손을 꼭 잡고 가시는 발걸음을 생각하면 한숨이 나온다.

죽림골(대숙궐) 외갓집 가는 길은 왜 그리 멀고 팍팍하고 힘들었던지 따라가기가 싫었다. 가기 싫어 투정을 부려도 보고 떼를 써 보았지만, 어머니는 날 꼭 데리고 다녔다.

지금 생각해 보면 장남인 나를 교육하는 수단으로 그렇게 했는지 아니면 외할머니께 장손을 보여드리고 싶었는지 어머니의 깊은 뜻이 있었으리라 짐작해 본다.

외갓집에 갈 때면 일을 마치고 오후 늦게 출발하니 금방 날이 저물어 어둑어둑해졌다. 삼정치 다리를 지나 항월 산길을 돌아갈 때면 주위는 더 캄캄해졌고 내천(먼내)을 지나야 하는데 나는 무서움으로 온몸에 진땀이 났다.

"엄마, 얼마나 더 가야 해, 응?"

"조금만 더 가면 돼….”

조금만 더 걷고 또 걸어도 외갓집은 멀기만 한지 한참을 걸어 겨우 당산나무 동네 앞 골목으로 들어가야 외갓집이 보였다.

대문을 들어서니 하얀 저고리 옷을 입으시고 긴 담뱃대를 물고 계시는 위엄스러운 외할머니가 계셨다. 외할머니는 말이 없었고 손자가 오면 반갑게 맞아줄 텐데 그렇지도 않았다.

엄마에게도 별 다정하게 대하지 않았다. 난 싫었지만 어머니는 꼭 외할머니와 함께 자게 했다.

왜 외할머니가 그렇게 차갑고 담뱃대를 물고 사셨는지는 훗날 어머니께 들었다.

한국전쟁 당시 마을 이장이셨던 큰외숙은 반란군에 끌려가 백운산 기슭에서 총살로 돌아가셨단다. 아들을 잃고 난 후 외숙 딸 작은누나마저 시름시름 앓다가 세상을 떠났기에 무슨 재미로 살아갈 것인가? 넋을 잃고 화병이 날 수밖에 없는 외할머니의 심정을 헤아릴 수 있었다.

나를 반갑게 대해주는 사람들은 이웃집 친척 누나들이었고 어머니께도 잘 대접해 드렸고 나와 동생을 얼마나 예뻐했는지 모른다.

제실(지금은 행정구역이 광양읍으로 편입되었다) 고모네 집도 가노라면 10리 길 큰 강과 산을 넘어야 갈 수 있었다. 이렇게 힘든 길을 왜 가야만 하는지 몰랐다. 물살이 센 강을 건너려면 무서웠다. 징검다리를 한 발 한 발 건너다 그만 미끄러져 넘어지면서 옷이 젖었고 고무신 한 짝이 벗겨져 떠내려가고 말았다. 저만치 가버린 고무신을 물끄러미 바라보며 강을 건널 수밖에 별도리가 없었다. 어린아이가 맨발로 산을 넘었으니 오죽 아팠을까?

요즘 맨발 걷기로 건강을 챙긴다는데 나는 어린 시절부터 맨발 걷기를 했으니 한 시대를 앞서간 선구자인 셈이다.

고모네 집에 도착하면 정말 고모와 어머니는 반가워서 둘이 보듬고 팔짝팔짝 뛰었다. 시누, 올케 지간에 그렇게 사이좋게 지냈던 분들은 이 세상에 없었을 것이다. 그런 고모가 아기 낳다가 세상을 일찍 떠나셨는데 동생 죽음에 아버지는 실신하셨으며 어머니는 한동안 넋을 잃고 사셨다. 고모네 사촌 형제 간이 1남 4녀인데 똘똘 뭉쳐 잘 산다. 고모님 기일날이면 종종 일찍 떠나신 고모님이 그리워 우리 어머니, 아버지를 대신 보고 싶어 광주로 오곤 했다.

그뿐인가? 큰이모, 둘째이모도 일찍 돌아가시어 큰이모네 맏형 진휘형, 둘째이모네 건수형, 두레누나, 영순누나, 만수동생 모두가 우리 어머니, 아버지를 찾은 것이다. 입장 바꿔 생각해 보면 그 대역 또한 얼마나 힘드셨을까?

세상은 또 왜 그런건지. 진휘형! 건수형! 영순누나! 세분은 왜 그리 일찍 하늘나라로 가셨는지…. 세상일은 아무도 알 수 없고 오직 하느님만이 아시는듯하다.

## 누나를 떠나 보내고 홀로서기

중학교 3학년 재학 중이었던 이야기를 풀어본다.

양림동 숭의고등학교 건축과 이무재 선생님댁 상하방에서 살게 되었는데 윗방에는 영희 친구와 언니, 오빠 셋이 살고 아랫방에는 누나와 내가 함께 살았다.

주인집 사모님이 큰언니이고 손아래 동생은 영자 누나, 막내 영숙 누나 등 칠 공주 누나들이다. 그중 누나는 영자 누나와 언니 동생 하며 친숙하게 지냈다.

영자 누나가 친구 오빠를 내 누나에게 소개하여 지금의 매형을 만나게 되었다. 영자 누나는 참 친절했으며 인형같이 예뻤는데 일찍 하늘나라에 가셨다.

누나는 광주에 와서 3년간 함께 살며 어머니처럼 나를 돌봐주었다.

봄날 같은 평화는 오래가지 못했다. 영자 누나로부터 소개받은 남자가 자취방에 종종 찾아오게 되면서부터 나는 불편해지기 시작하였다. 누나는 그 사람이 찾아오면 다락에 숨어 있다가 돌아가면 나왔다.

나는 그 사람이 누나를 만나지 못하게 궁리하다가 아버지께 전보로 연락을 하였다. 다음날 아버지께서 보낸 전보가 오길 "백옥금일내급 하광하라."는 10자의 문구였다.

아버지의 불호령을 받은 누나는 그날로 광양으로 내려가게 되었고 난 외톨이 신세가 되었다. 당장 밥 먹는 일이 불편했다. 한 부엌을 사용해야 했던 친구 영희와는 사춘기 때라 이런저런 말도 못 하고 쑥스럽게 살고 있었는데, 말도 없이 영희가 밥상을 차려 주곤 하여 참 고마웠다.

누나랑 3년을 함께 살 때는 따뜻한 밥을 먹으며 편히 살았다. 밥이든 빨래든 당연히 해주는 줄 알고 지내다 나 스스로 모든 일을 해야 했으니, 누나의 빈자리가 컸다. 누구를 탓하랴. 내가 저지른 자업자득의 결과였고 철없던 시절의 이야기다.

그 후 소개받은 남자가 다시 찾아와 광양 주소를 물었는데 알려주지 않았다. 그 남자는 어떻게 알았는지 광양 집으로 매주 찾아갔는데 지극 정성에 어머니가 광주에 올라오셨다.

남자가 어떻게 사는 집안인지 한번 나와 함께 가보자고 했다. 화순 탄광에서 약국을 경영하고 있었는데 버스가 지나가면 시커먼 탄가루가 약국을 뒤덮어 보이질 않는 길가 약국이었다. 누나가 결혼하면 여

**추석 연휴 때 누나부부 장가계에서**

기에서 살아야 하는데 누나의 깔끔한 성격에 이곳에서 살 수 있을까 도저히 생각조차 하기 싫었다. 나는 반대하였다. 그러나 인연이의 끈은 이어져 누나는 다른 것보다 그 남자의 성실함으로 자기를 평생 지켜 줄 사람이라고 선택을 하여 결혼했다.

나는 양림동에서 일 년을 함께 살면서도 영희에게 말 한마디 못 하고 헤어졌다. 훗날 영화는 순천여고로 진학하면서 내려갔고 나는 동생 해주를 광주 서석초등학교로 전학시켜 서석동 추재성씨 댁에서 살게 되었다.

어느 날 한 반이었던 병문이 친구가 나와 함께 지내고 싶다 하여 함께 살게 되었는데 정선이 재열이, 철우 친구들이 찾아와 도내기 시장에서 닭을 사다 백숙을 해 먹었던 추억이 떠오른다.

나에게 신문을 배달하며 알게 되었던 박인 친구도 함께 했고 김치가 먹고 싶어 약대 옆에 있는 텃밭에서 파서리도 했음을 고백한다.

먹을거리가 풍족하지 못했던 때라 파김치만 일주일간 먹고 다녔다. 나에게서는 온통 파 냄새가 진동했다. 파가 매워 익혀 먹는다고 연탄아궁이 곁에 두고 갔더니 파김치가 부글부글 넘쳐 연탄불이 꺼지기도 했다.

대변볼 때는 항문이 아려 고생도 했다.

해주가 중학교 동성중학교로 추첨이 되어 학교 가까운 곳으로 옮기게 되었는데 산수동 김재익 씨 댁 문간방으로 이사를 했다.

동생은 초등학교 때부터 축구부에서 활동했고 중학교 입학해서는 반에서 체육부장을 맡기도 했다. 어느 날 체육 시간에 축구하다 넘어지면서 팔이 부러졌다면서 내 수업 중에 연락이 왔다. 수업하다 외출하여 병원에 갔더니 이미 뼈를 맞춰 깁스를 하고 목에 팔걸이를 걸고 있었다. 동생을 보자 눈물이 났다. 당장 학교 다니는 것과 밥 먹는 것이 불편해졌다. 학교 갈 때는 택시로, 집에 올 때는 친구의 도움으로 다녔다.

어느 날 동생이 체육 시간에 친구와 말다툼으로 얼굴을 때린 것이 잘못되어 안경이 깨지면서 얼굴을 다치게 되었다. 그 학생 부모와 합의하는 데 애를 먹었다. 학교 수업 관계로 안경 값과 치료비는 사고 당시 봉투에 넣어 동생에 보냈지만, 밤늦게까지 수업을 해야 할 내

입장으론 동생 보호자 역할이 무척 힘들었다. 자상하신 옆방 고희자 외할머니께서 우리 형제를 손주처럼 지극히 사랑해 주셨다. 동생은 안경 유리가 손에 박혀 큰 상처가 나았던 것도 할머니 정성 된 도움으로 나을 수 있었다.

진심으로 그 할머니의 사랑을 잊을 수가 없다.

산수동에 살면서 현기 친구와 현옥 동생, 광용이 친구와. 태용이 동생이 한집에 살았고 아랫집엔 성길이가 살았는데 주말이면 길윤. 인수 친구도 오갔다. 우린 마치 한 가족처럼 살았다.

어느 날 선례와 화자가 찾아왔었는데 참 반가웠다. 그렇지만 여자 친구들에게 어떻게 대해 줄 모르고 우두커니 서있다가 얼굴만 보고 돌아갔는데 마음 한구석엔 씁쓸한 생각이 들었다. 어느 일요일 날 순창에서 살던 현기 막내 동생 현주와, 영두 동생 또래들 다섯 명이 광주까지 자전거를 타고 나타나 깜짝 놀랐던 기억도 있다.

장차 커서 사이클 국가대표 선수라도 되지 않았을까? 지금은 동생들이 어떻게 사는지 궁금하다.

# 재능 많은 누나

누나는 해방된 지 2년이 지난 1947년 섣달 여섯 날에 태어났다. 손위에 형이 어렸을 적 떠났기에 바로 위 남매가 되었고 나하고는 8살 차이가 난다.

우리 집은 농사일로 바빠서 일꾼도 있었지만, 나는 어린 나이에도 부엌에서 불도 때고 부모님 일손을 덜어 드렸다.

누나는 부모님 드실 밥을 차려 놓고 읍내 학교에 가려면 새벽부터 바삐 움직여야 했다. 시간이 없을 때는 아버지께서 자전거로 학교까지 태워다 주곤 하였다.

아버지는 누나가 학교에 낼 돈이나 용돈이 필요하면 어느 때든 그 자리에서 돈을 주셨다.

훗날 들은 얘기로 아버지께서는 서당에 다녔는데 제대로 학비를 못 내었다고 한다. 할아버지는 학비는커녕 아버지에게 매질하여

**대학졸업식에서 누나와 함께**

증조할아버지가 한 번씩 돈을 주어서 서당에 다닐 수 있었다고 한다.

할아버지로부터 교훈을 얻어 아버지는 자식들에게는 돈으로 상처받는 일은 안 하겠다는 것을 명심했다고 한다.

나는 장날이면 부모님이 늦게 들어오시기 때문에 망태를 메고 소에게 줄 꼴을 베러 들녘으로 나갔다. 누나는 꼴 베는 것이 서툴러 낫질하다 손가락을 베어 피를 흘린 적도 많이 있었다.

꼴을 베어 집에 오면 부모님은 장터에서 사온 찐빵이나 먹을거리를 주셔서 맛있게 먹었다. 장남으로 집안일을 도와주는 것은 당연한 일이라고 생각했다.

나이 차이가 있지만 누나와 친했고 힘들 때는 의지하게 되고 나에게는 든든한 누나였다.

누나는 결혼 후 일찍이 하느님과 동행하면서 젊었을 적 꿈을 이루기 위해 늦은 나이에도 대학에 들어가 문학 창작을 전공했다.

우송 선생의 사사로 서예도 배웠다. 무엇보다 제일 하고 싶었던 가수의 꿈을 성당 성가대에서 이루었다. 열성적으로 노래 부르며 젊은 날의 꿈을 펼쳤다.

작은 외숙 자서전에 보면 어머니가 천재형으로 씌어 있는데 누나가 어머니의 머리를 닮은 것 같다.

누나는 슬하에 1남 1녀에 친손, 외손 1녀 1남씩을 두었는데 모두가 공부를 잘한다. 조카는 전문의로 활동하고 있으니, 자식들도 누나의 머리를 닮았다는 생각이 든다.

누나의 가정을 보면 행복은 멀리 있는 것이 아니라 가까이 있다는 것을 보게 된다.

꾸르실료 교육 때는 영적 빠랑가로 편지를 보내왔고 마냐니다 시간도 함께 했었는데 감동이었다. 결혼 선물로 준 우송 선생님의 서예 작품에 '정신일도 하사불성 精神一到 何事不成'의 글귀는 나의 좌우명이 되었으니 얼마나 감사한지 모르겠다.

약국 개업 때는 '仁術濟世 인술제세' 휘호를 보내와서 걸어놓았다.

2018년 추석 연휴 때에는 누나 부부와 중국 장가계를 여행하였고 남도 여행, 약사회 야유회를 함께 하면서 행복 나눔을 실천하고 있는 다정한 남매이다.

결혼선물 서예 「정신일도 하사불성」 (우송 선생)

약국 개업 선물, 「인술대세」 (우송 선생)

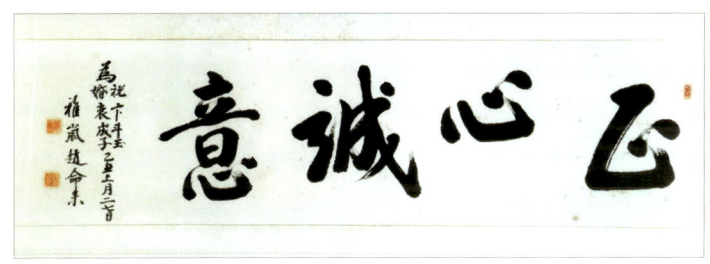

결혼 선물 서예 「정심성의」 (조명래 교수)

## 남성 제97차 꾸르실료 - 누나가 동생 요셉에게

┃ 찬미예수.

 사랑하는 동생 요셉 진심으로 축하해.
높은 이상 사랑 순종의 피정생활이 어떠한지?
추운날씨에 고생이 많은 줄 알고 있지만, 매순간 힘든 한순간도 놓치지 마시고, 열심히 하느님 가까이 가 보시길, 그분은 정말 슈퍼스타, 멋쟁이, 하느님 이실거야.
사랑하는 요셉, 매사에 열심히 적극적으로 잘 살고 있었지만 멋지고 아름답고, 기쁜 피정을 왜 하느님께서 허락 하셨는지 감사하게 받아들이고 그 시간만이라도 세속에 일들을 잊고 좋은시간 보내길 바래.
 이제, 대선배님들의 눈물겨운 희생과 봉사속에 칠성사의 은총과 주님의 다함없는 사랑을 풍요롭게 체험하며. 참다운 크리스챤으로서 성인이 되는길을 한없는 눈물과 감동으로 받아들이고 있을 요셉을 생각하며 좋아하는 글을 적어보고 싶어서 ……
 전능하신 나의 하느님, 나에 야훼시어!
남은 여생 중에도 한번의 신성을 저는 소망합니다.
새로운 심장을 허락하시고 깨끗한 더운 피로 가득 채워주소서,
남보다 뛰어나려 하지말고 함께 뛰어 나려 애쓰게 하여주소서,
온 세상의 사람이 모두다 오늘보다 훌륭한 이들 되게 해주소서,
살아있다는 표지, 성장하고 사랑하려는 서원과 노력의 증표로서
사시사철 깃발을 내어 걸게 하소서,
아름다운 이웃들을 사귀게 하소서, 개미에겐 개미가, 꿀벌에겐 꿀벌이 필요하듯이 사람은 사람을 원하옴을 이해하여 주소서,
그러나 당신께서 주신것 만큼은 되돌리지도 나누지도 못하옵니다.
이점은 서로 인내하게 하옵시고 진심으로 불쌍히 여겨 주게 하소서, 남은 생을 당신 사랑으로 열정을 불태울수 있도록 허락하시고, 사랑의 진실과 사랑의 아픔을 전력으로 섬기게 하시며 관용으로 연민하면서 서로의 추위를 간절히 녑혀 줄 일의 최선을 다하

도록 이끌어 주옵소서 ······
만물의 아버지시여,
명산 벽해가 있는 모든 땅에서 거듭거듭 주를 뵈옵는 일이 저의 뜨겁디 뜨거운 간망 이옵나이다 ······
나의 야훼시여
조물주이신 내 하느님을 진실로 진실로 찬미 하옵나이다 ······
이제 곧 새날이 밝아 희뿌옇게 먼동이 터오면 상명한 새벽바람이 아침을 열어 주겠지.
새 소망 새 마음으로 주님께 안겨들기 바라면서 남성97차 꾸르실료 임원님들과 자매 형제님들에게 주님의 풍성한 은총이 함께 하시길 빌어보며 ·····

데꼴로래스

2008.1.26. 밤
변 소화데레사 누나가 사랑하는 동생 (요셉) 에게.

# 꾸르실료 - 수료자 명단

## 수 료 자 명 단 (53名)

2008. 1. 24(목) ~ 1. 27(일)

| 본단 | 수료번호 | 성 명 | 세례명 | 본당 | 우편번호 | 주 소 | 전화(자택/핸드폰) |
|---|---|---|---|---|---|---|---|
| 상비오본단 | 4515 | 임용호 | 요한다마세노 | 신창동 | 506-745 | 광주 광산구 신창동 호반5차 502-1502 | 062-434-1080 / 011-9667-6831 |
| | 4516 | 김재호 | 요 셉 | 염주제준 | 502-843 | 광주 서구 화정3동 838-17번지 | 062-446-4620 / 011-9609-4700 |
| | 4517 | 박종필 | 요 셉 | 장 흥 | 529-874 | 전남 장흥군 관산읍 외동리 1구 51-2번지 | 061-867-4379 / 011-640-4696 |
| | 4518 | 허경환 | 베드로 | 광영동 | 545-769 | 전남 광양시 금호동 초원(A) 7-203 | 061-799-7462 / 017-617-7462 |
| | 4519 | 송영현 | 미카엘 | 방림동 | 503-757 | 광주 남구 방림2동 라인효친(A) 201-803 | 062-463-3297 / 011-9609-3297 |
| | 4520 | 김장오 | 빅토리노 | 망 운 | 534-850 | 전남 무안군 망운면 목동리 압창 75번지 | 061-452-1220 / 011-624-1220 |
| | 4521 | 홍성집 | 요 셉 | 운암동 | 500-171 | 광주 북구 운암동 우성(A) 101-701 | 062-528-2267 / 016-615-2266 |
| | 4522 | 옥태문 | 야고보 | 연향동 | 545-808 | 전남 광양시 광양읍 창덕에버빌 207-804 | 061-762-9059 / 011-626-7907 |
| | 4523 | 조점례 | 라자로 | 금호동 | 502-154 | 광주 서구 금호동 882-4번지 | 062-430-9000 / 011-625-5257 |
| | 4524 | 최귀춘 | 안토니오 | 신기동 | 555-060 | 전남 여수시 소호동 한국바스프사택 3-304 | 061-685-3501 / 019-686-3501 |
| 상베드로본단 | 4525 | 응인한 | 니꼴라오 | 조례동 | 540-320 | 전남 순천시 조례동 내남(A) 106-204 | 061-724-0287 / 011-666-0280 |
| | 4526 | 김홍주 | 인노첸스 | 진월동 | 503-753 | 광주 남구 진월동 한신2차(A) 203-609 | 062-673-6630 / 011-604-6692 |
| | 4527 | 장광식 | 미카엘 | 쌍촌동 | 502-250 | 광주 서구 내방동 해태(A) 103-1502 | 062-384-2479 / 019-8442-5488 |
| | 4528 | 김영찬 | 마태오 | 하 당 | 530-390 | 전남 목포시 상동 815-3번지(3층) | 061-261-4666 / 016-650-0300 |
| | 4529 | 변두옥 | 요 셉 | 산수동 | 500-100 | 광주 북구 두암동 기산로얄(A) 603호 | 062-265-0189 / 011-646-3635 |
| | 4530 | 김종출 | 도미니꼬 | 남 동 | 501-200 | 광주 동구 운림동 무등파크 201-601 | 062-222-4850 / 011-622-4850 |
| | 4531 | 김만훈 | 모이세 | 신창동 | 506-745 | 광주 광산구 신창동 호반5차 505-103 | 062-962-6792 / 019-268-6792 |
| | 4532 | 김선문 | 토마스 | 망 운 | 534-850 | 전남 무안군 해제면 양매3리 287번지 | 061-453-6980 / 016-641-6980 |
| | 4533 | 김관중 | 안토니오 | 비아동 | 506-772 | 광주 광산구 월계동 선경(A) 102-505 | 062-971-3863 / 010-9265-9879 |
| | 4534 | 김재부 | 마르코 | 함 평 | 525-831 | 전남 함평군 대동면 강운리 | 061-322-3444 / 011-632-5696 |
| 상요한본단 | 4535 | 조남회 | 미카엘 | 상학동 | 530-778 | 전남 목포시 석현동 근화네오빌2차 203-206 | 061-284-0244 / 011-9443-4691 |
| | 4536 | 김명균 | 스테파노 | 쌍촌동 | 502-749 | 광주 서구 상무1동 중흥S클래스 108-103 | 062-262-5031 / 011-9667-5031 |
| | 4537 | 박종도 | 요 한 | 망 운 | 534-851 | 전남 무안군 해제면 양매3리 313번지 | 061-452-7244 / 011-621-5957 |
| | 4538 | 고재응 | 프란치스코 | 서산동 | 500-739 | 광주 북구 문흥1동 현대(A) 103-1304 | 062-265-6658 / 011-9622-6658 |
| | 4539 | 장경식 | 보니파시오 | 학운동 | 501-200 | 광주 동구 운림동 라인(A) 201-1105 | 062-232-4086 / 011-608-3038 |

**3일을 함께 잤어도 친구인 줄 몰랐다.**

| 본단 | 수료번호 | 성 명 | 세례명 | 본 당 | 우편번호 | 주 소 | 전화(자택/핸드폰) |
|---|---|---|---|---|---|---|---|
| 성요한본단 | 4540 | 최창석 | 다니엘 | 남 동 | 501-150 | 광주 동구 지산동 676-12번지 | 062-224-9199<br>011-636-2494 |
| | 4541 | 이철만 | 요 한 | 함 평 | 525-803 | 전남 함평군 함평읍 내교리 306<br>동광Ⓐ 101-106 | 061-324-2609<br>011-602-2609 |
| | 4542 | 고재태 | 알베르또 | 문흥동 | 500-100 | 광주 북구 문흥동 우산주공Ⓐ 106-101 | 062-262-7060<br>011-645-2241 |
| | 4543 | 김동갑 | 제준이냐시오 | 치평동 | 502-755 | 광주 서구 치평동 1171-6 라인대주<br>201-511 | 062-452-1319<br>010-5583-1319 |
| | 4544 | 송만수 | 모 이 세 | 양산동 | 500-200 | 광주 북구 양산동 그린자이 104-801 | 062-576-4578<br>010-8392-4578 |
| | 4545 | 김은수 | 요 셉 | 영주경환 | 502-745 | 광주 서구 화정4동 라인동산Ⓐ 106-1201 | 062-451-7275<br>010-2922-5299 |
| 성아고보본단 | 4546 | 윤경도 | 스테파노 | 학운동 | 501-200 | 광주 동구 운림동 654 라인Ⓐ 201-101 | 062-224-4979<br>011-623-0211 |
| | 4547 | 윤점옥 | 베 드 로 | 삼 호 | 529-896 | 전남 영암군 삼호읍 용당리 440-7번지 | 061-464-5780<br>011-9607-5780 |
| | 4548 | 박문수 | 아가비토 | 염주대건 | 502-839 | 광주 서구 화정4동 801-2 넝쿨식당 | 062-382-5068 |
| | 4549 | 고병인 | 야 고 보 | 북 동 | 502-222 | 광주 서구 양2동 우진Ⓐ 2-503 | 062-362-4662<br>017-604-4662 |
| | 4550 | 이태신 | 프란치스코 | 사 창 | 515-870 | 전남 장성군 삼계면 금광Ⓐ 102-1409 | 061-394-9870<br>011-629-2732 |
| | 4551 | 공양식 | 모 이 세 | 중 동 | 545-777 | 전남 광양시 중동 성호1차 106-1101 | 010-3263-3075 |
| | 4552 | 이영선 | 스테파노 | 저전동 | 540-260 | 전남 순천시 덕월동 1369-1 신보Ⓐ<br>가-518 | 061-743-4932<br>011-622-4932 |
| | 4553 | 조현기 | 시 메 온 | 신창동 | 506-833 | 광주 광산구 신창동 부영Ⓐ 111-801 | 062-961-6525<br>011-616-3071 |
| | 4554 | 고재성 | 베 드 로 | 쌍암동 | 506-770 | 광주 광산구 월계동 두산Ⓐ 206-202 | 062-973-6008<br>010-9810-6008 |
| | 4555 | 선만태 | 그리산도 | 오치동 | 500-826 | 광주 북구 삼각동 815-10번지 201호 | 062-573-1476<br>011-9792-8256 |
| | 4556 | 박영재 | 루 가 | 방림동 | 501-190 | 광주 동구 학동 648-7번지 | 062-222-5877<br>010-2265-5877 |
| 성인드레이본단 | 4557 | 김병중 | 빈첸시오 | 농성동 | 503-827 | 광주 남구 월산4동 973-25번지 | 062-366-3816<br>011-9705-3816 |
| | 4558 | 김동식 | 아 벨 | 금 암 | 520-756 | 전남 나주시 대호동 내망노블랜드<br>102-501 | 061-333-1919<br>011-626-8264 |
| | 4559 | 박대원 | 베 드 로 | 지산동 | 500-798 | 광주 북구 두암3동 주공Ⓐ 407-914 | 062-262-0777<br>010-9515-1004 |
| | 4560 | 장영철 | 루치아노 | 풍암동 | 502-796 | 광주 서구 풍암동 동부센트레빌Ⓐ<br>104-1202호 | 062-654-4029<br>011-9607-4029 |
| | 4561 | 천영식 | 스테파노 | 옥암동 | 530-771 | 전남 목포시 옥암동 961-3 제일3차Ⓐ<br>302-1009 | 061-284-1681<br>018-602-0261 |
| | 4562 | 정영문 | 율 리 오 | 망 운 | 534-840 | 전남 무안군 현경면 130-8 종합농기구 | 061-452-5162<br>011-632-6069 |
| | 4563 | 문룡호 | 프란치스코 | 조례동 | 540-320 | 전남 순천시 조례동 대림Ⓐ 103-904 | 061-721-8188<br>010-6614-8188 |
| | 4564 | 조민석 | 안토니오 | 비아동 | 506-768 | 광주 광산구 월계동 대우Ⓐ 105-1103 | 062-972-3951<br>010-5152-3951 |
| | 4565 | 양후기 | 유스티노 | 계림동 | 501-080 | 광주 북구 계림동 두산위브 112-1601 | 062-228-1273<br>016-9866-1277 |
| | 4566 | 고영환 | 안토니오 | 용봉동 | 500-170 | 광주 북구 운암동 중흥Ⓐ 201-608 | 062-462-5388<br>010-6514-5388 |
| | 4567 | 정재영 | 베네딕도 | 두암동 | 500-101 | 광주 북구 두암동 117 무등파크3차<br>301-404 | 062-263-4788<br>011-607-4788 |

# 우리 가족 최대 위기와 사랑하는 두 친구

예기치 못한 동생 사고로 부모님이 운영하시던 식당을 어떻게 해야 할지 심각한 문제로 대두되었다.

식당에서 들어오는 수입이 우리 가족의 생계 수단인데 셋째 동생이 대학교 2학년, 막내가 고3이고 나는 대학 졸업반인 상황이라 진퇴양난의 현실 앞에 부모님은 망연자실하였다.

동생이 입원한 통합병원을 다녀온 뒤 부모님은 동생 목숨 살리기에 남은 삶을 걸었다.

나는 광주 식당 경영과 생계로 다른 생각할 겨를이 없었다. 내가 정신 차리지 못하면 우리 가족은 여기서 패가망신하게 된다. 정신 차리자.

평소 부모님께서 해오시던 일들을 눈여겨보아서 그까짓 것쯤이야 할 수 있다는 자신감으로 '우리 가족을 살려내겠다, 절대 무너지면 안

되지!' 마음속으로 굳은 다짐과 각오를 했다.

새벽 1시에 잠자리에 들어 새벽 5시에 기상하여 자전거를 타고 장사할 준비를 하러 매일 시장에 갔다. 상추, 배추, 깻잎, 대파, 양파, 마늘, 고추, 생강 등을 사서 씻어서 준비해 놓고 학교에 갔다.

졸업, 교생 실습, 졸업 논문, 졸업 시험은 저녁 장사만 없으면 어떻게 해보겠는데 학교에서 돌아오면 장사하느라 언감생심이었다.

지도교수가 학교 생활의 부진함에 권고를 하였다. 나는 교수님께 분명하고 단호하게 얘기했다.

"가족이 먼저 살아야겠습니다. 제가 하는 데까진 해보겠어요. 하다가 못하면 내년으로 연기하겠습니다."

**대학졸업식 현기네 가족들과 함께**

하늘은 스스로 돕는 자를 돕는다는 말처럼 나를 돕는 구세주가 둘이나 나타났다. 숙식 문제로 상의한바 안집은 종철이가 맡아서 운영하고 식당에서는 현기가 힘을 합쳐주기로 하였다.

니의 빈자리를 현기가 대신 식당 운영을 해줘서 두 친구 덕분에 논문, 졸업 시험, 교생 실습을 마칠 수 있어서 무사히 학사모를 쓰게 되었다.

그런데 웬일인가? 함께 졸업해야 할 종철이가 졸업(사정)에 걸리게 되었다.

까마득히 잊고 챙기지 못했던 저학년 때 교양 필수 과목이 누락되어 졸업을 못하고 학칙상 반학기를 등록하여 학점을 이수해야 했다.

나로서는 종철이가 한없이 고마웠지만 친구에게 불행했던 아픔은 미안하기 짝이 없었다.

훗날 행복으로 되찾길 바랐다.

## 동생의 불행

한 달간 해외연수를 마치고 귀국 후 며칠 만에 날벼락 같은 전화를 받았다.

"여보세요. 거기 변해주 씨 집인가요?"

"예 그렇습니다."

"변해주가 수도통합병원 중환자실에 있습니다."

그 말만 전하고 전화가 뚝 끊어졌다. 청천벽력 같은 말에 앞이 캄캄했다.

얼마 안 있으면 제대할 텐데 이게 무슨 날벼락인지 가슴이 무너져 내렸다.

말년 휴가로 집에 왔을 때 전역하면 어머니 아버지가 하시는 식당을 운영해 보겠다고 한 동생이었는데 이 현실이 믿기지 않았다.

생각할 겨를도 없이 부모님과 고속버스를 타고 서울에 갔다. 정신없이 수도통합병원 중환자실에 도착했다. 문을 열고 해주를 본 순간 내 동생의 모습이 아니었다.

얼굴은 형체를 알아볼 수 없고 혀는 까맣게 타서 보이지 않았다. 심장은 뛰었고 사지는 움직이고 있었다. 살아 있다는 것만 해도 다행이었다.

현역 시절 12사단 헌병대대에서 근무했고 전역 후 청와대 경호처에서 근무하고 있던 김두현 친구가 원통 사고 현장을 다녀와서 사고 경위를 설명해 주었다.

한미 팀스피릿 훈련 중 GMC 차량 운전기사가 졸음운전으로 아침에 구보를 하던 대원 5명과 인솔자였던 동생을 덮쳐버린 것이었다.

구사일생으로 생명은 건졌지만 살아갈 수 있는 건지 아무도 장담을 못 했다. 네 차례의 뇌 수술 끝에 동생을 살려낸 김관태 소령은 앞으로 10년을 넘기기 힘들 것이라고 말했다.

절망이었지만 살아있다는 것에 희망을 품을 수밖에 없는 가혹한 현실에 억장이 무너지는 아픔이었다.

하느님이 보우하사 자식을 지극하게 사랑하시는 어머니의 심정으로 동생을 살려준 김관태 소령은 평생 잊지 못할 분이다.

동생은 수도통합병원에서 1년 입원하고 전역하여 보훈병원으로 이송하여 6개월 입원 후 광주 집으로 왔다.

집에 오고 나서 동생 머리 수술 부위에서 갑자기 뇌수가 차면서 밖으로 터져 나왔다. 수술하면서 알았을 텐데 사전에 정확한 상태를 안 알려 준 것에 화가 났다.

병원도 아니고 집에서 간병해야 하는데 하루 이틀도 아니고 장기간 케어를 해야는데 별 방법이 없었다.

매일 정해진 시간대로 치료해 줘야 하는데 움직이는 동생을 치료한다는 것이 쉽지 않았다.

전역 후 병원을 개원한 김관태 원장님이 계시는 충남 예산으로 찾아갔더니 오버플로잉 수술을 해야 한다고 말했다.(부모님과 해주와 난 병문이 승용차로 함께 했다. 먼저 떠난 친구의 노고와 감사함을 잊지 못한다.)

연세대 세브란스병원을 추천했다.

집으로 돌아와서 서구청장과 보훈병원 과장 추천서를 받아 세브란스병원을 갔으나 예약 환자와 대기 환자로 바로 진료를 받을 수가 없어서 병원 앞에 숙소를 얻어 머무르기로 하였다.

일주일간 매일 병원 원무과를 다녔다. 청와대 경호실에 근무하는 두현이가 지인께 부탁을 드려 방법을 알려 주었다. 응급환자로 응급실로 들어오면 수술 스케줄을 잡아 보겠다는 연락을 받고 어렵게 입원할 수 있었다.

담당 의사는 귀 뒤 머리에서 가느다란 관을 척추관으로 심어 척추 3, 4번에서 복강으로 뇌수가 빠지도록 수술할 것이라고 하였다.

다행히 수술은 성공리에 마쳤고 동생은 다섯 번째 수술을 마치고 퇴원할 수 있었다.

동생은 뇌를 다쳐 후유증이 컸다. 기억력과 언어 장애로 의사소통이 되지 않았다. 다행히 보행은 가능하여 집에서 광주역까지 왕복으로 시내 곳곳을 매일 다녔으며 오후 3~4경 집에 돌아왔다.

귀가시간이 늦어지면 어머니께서 회사로 전화가 왔다. 직감으로 해주가 무슨 일이 있나 보다, 아직 집에 오지 않은 걸 보니 무슨 사고가 생긴 것이다.

해주는 막차 시내버스를 타고 종점까지 갔다가 되돌아오는 버스가 끊겨 집에 돌아올 줄 모르고 어둑해진 밤에 시골길을 헤매고 다녔다. 그날은 다행히도 불빛이 보이는 곳을 찾아 들어간 곳이 파출소여서 집으로 연락이 왔다.

화순 사평파출소에서 두 차례, 삼도파출소 한 차례씩 연락을 받고 찾아왔다.

어느 때는 8번 버스를 타고 송암동 종점에서 내려 집 방향으로 온다는 것이 방향을 잃고 목포 방향으로 걸어가다 영산포 삼거리에서 학생들이 신고하여 찾기도 하였다.

이런 일들이 빈번하게 일어나 사고 위험이 항상 도사리는 불안한 날들이 계속되었다.

동생은 뇌수술 후유증으로 날씨에 민감하게 반응했다. 비가 올 때나 바람이 불고, 일기가 좋지 않을 땐 뇌가 오작동하여 평소 잘 찾아오던 집도 못 찾고 엉뚱한 곳으로 갈 때가 많았고 후천적 경련도 발생했다.

동네에 어머니와 친하게 지내시는 용희 할머니가 계셨다. 이 할머니는 신의 계시로 사람을 찾을 때 내비게이션처럼 환자가 어디에서 헤매고 있다고 알려 주는 신통력을 가졌다. 할머니가 좌표 찍어 준 곳을 가서 수차례 찾아오기도 했다. 정말 그 할머니 덕분에 한시름 놓을 때가 많았다.

용희 할머니는 고마우신 우리의 은인이셨다.

어느 날 동생이 화가 나 머리 끝까지 폭발직전인 채로 들어왔다.

길목에서 불량배들이 환자를 붙잡고 때린 뒤 돈을 빼앗아 가는 일도 다반사였다. 그날은 응급실로 실려 가서 심리치료와 안정제를 맞아야 진정되기도 했다.

남의 고추밭에서 고추 몇 개를 따다가 주인에게 발각되어 파출소에 찾아가 온 가족이 합의 요청을 했으나 거절당하고 검찰까지 가게 된 일도 있었다.

동생이 길을 잃어버려 행방불명되는 일을 예방하기 위해 별 방법을 동원해 봤으나 도루묵이었다.

여러 생각 끝에 조류 연구자들이 철새 깃털에 전자 칩을 부착하듯이 환자에게도 전자 칩을 부착하여 추적하면 쉽게 찾을 방법도 생각했다.

  나의 이런 생각을 조류 학회에 협조 요청하였으나 법적으로 사람에게는 안 된다는 것이었다. 별별 고민과 궁리를 생각해 보았지만, 대책은 없고 가족들의 삶도 지쳐만 갔다.

  움직이는 환자를 시종 따라다닐 수도 없고 하여 고민 끝에 집 대문 열쇠를 잠그기로 하였다. 가족이나 외부인은 통행하는 비상문을 만들어 그곳으로 다니고 동생은 밖에 못 나가게 하여 살기도 하였다.

  동생에게는 답답한 일이며, 인권에 대한 문제도 고민해 보았으나 날마다 가족들과 여러 사람에게 피해를 줄 수는 없었다. 그렇게 몇 년 지내다 보니 체중이 늘면서 당뇨가 발생하는 문제가 생겼다.

  2005년 봄 아버님이 돌아가시고 2012년 어머님마저 돌아가시니 우리 집은 텅 빈 채로 적막한 공간이 되었다. 마침 동네 지인인 안영애 누님에게 동생과 함께 우리 집에서 살도록 부탁하였다.

  집도 1층 2층 수리하여 쾌적한 환경에서 2~3년쯤 살던 어느 날이었다.

  동생이 식탁 의자에 앉다가 넘어져 머리를 다치는 사고가 일어났다. 전남대병원 응급실로 옮겨졌다. 이제는 동생이 마지막인가 싶어 영정 사진을 트렁크에 싣고 응급실로 갔다.

  이번에도 하느님께서 동생을 살려주셨다. 치유되어 보훈병원으로 옮겼다.

그렇게 평화가 찾아오나 싶었는데 동생을 봐주던 누님이 평소에 일어나던 시간에 못 일어났는데 그만 뇌경색으로 쓰러진 것이다. 병원에서 발견하여 수술하게 되었다. 안타깝게도 안영애 누님은 병세가 악화하여 2023년 8월에 운명하셨다.

그 뒤 동생 간병을 이영숙 씨가 돌봐주게 되었다. 7년을 돌보다 어느 날 가족과 함께 울면서 약국으로 찾아왔는데 유방암에 걸렸다고 했다. 위로해 드리고 쾌유를 빌었다.

참 기구한 운명으로 인간다운 삶을 못 누리고 살아가는 동생을 볼 때마다 마음 한켠이 무너지는 슬픔이 밀려온다.

형도 못 알아보고 아무 생각 없이 육신만 살아 있는 동생에게 무엇을 더 해줄 수 있을까….

다음 간병인으로 참 착한 막내뻘 되는 현옥이를 만났다. 지극정성으로 동생을 돌봐주었다. 1년 반을 함께 했다. 이번엔 현옥이 무릎 관절이 마비되어 거동이 불편하다면서 한 달의 수술 일정이 요구하게 되어 또 다른 간병인으로 교체되었으니 셋째 동생이 간병인과 병원을 옮겨 다니며 겪은 일들은 헤아릴 수 없을 정도다. 82년 3월 4일 사고 후 43년째를 맞이한 동생과 나의 인연은 불행인지 행복인지 사는 그날까지 동생을 위해 최선을 다하겠다.

# 내 인생의 가장 행복한 날

내 인생에서 가장 기쁘고 행복한 것은 아내를 만나 결혼한 것이다.

부부란 같은 길을 걸어가는 동반자이고 희로애락을 함께하는 사이로 가장 가까운 관계이다.

이제 내 나이 고희에 이르니 아내에 대한 고마움과 애틋함이 더 생기는 것 같다.

내가 사랑하는 사람과 결혼하여 아들 진혁이와 딸 민녕이가 태어났고 손자 이준이 손녀 하은이가 태어났으니 그 이상의 행복이 어디 있겠는가?

나의 동반자 아내를 만나던 그때로 시간 여행을 떠나본다.

우리 집 아래채에서 함께 살았던 아내 친구 영남이에게 여자친구 소개를 부탁했다. 영남이는 "내가 아는 참한 친구가 있는데 아마 사귀는 남자친구가 있을 거야"라고 말했다.

"그래도 잘 모르겠는데 병구 오빠랑 함께 만나봐."

만나러 가는 나의 가슴은 두근두근 설렘으로 가득했고 밥을 안 먹어도 배고프지 않았다.

처음 아내를 본 순간 상냥하게 웃는 모습과 친절함이 내 마음에 쏙 들었다.

친구 오빠 덕분에 약국 부근에서 불고기백반으로 음식 대접을 받고 오는 나의 기분은 최고였다. 가진 것이 없어도 좋았고 내가 보는 세상은 아름다웠다.

그 후 대우에 입사하여 구미에서 근무하게 되었다. 구미에서 청주는 지리적으로 가까워 지난번 만났던 모습이 떠올라 한번 만나고 싶었다.

마음먹고 청주약국 근무처에 갔다. 전에 친구 오빠와 함께했었기에 안면이 있어 반겨 주었고 공원 근처에서 진수성찬으로 차린 한정식을 먹고 탁구를 하고 헤어졌다.

그렇게 지낸 지 6개월 후 땡볕이 내리쬐는 여름날 광주로 발령을 받았다.

공장 이전 관련으로 인천공장에서 몇 개월간 살다가 이삿짐을 싣고 광주로 내려오던 중 기사님께 부탁을 드려 청주에 내려달라 했다.

'이번에 만나 성자 씨께 결혼 신청을 해봐야지' 마음속으로 결심하고

나니, 나는 두근거리는 마음과 사랑의 꽃길을 걷는 기대에 부풀어 있었다

   우리는 아름다운 풍광의 속리산에서 데이트하게 되었고 나는 용기를 내어 결혼 신청을 하였다. 그녀는 깜짝 놀라며 한 달간 생각할 시간을 달라고 했다.
   그때쯤 광주에서 모임이 있으니, 답변을 주겠다고 했다.
   기다리는 한 달은 너무 길었다. 기대 반, 걱정 반으로 모래성을 쌓기도 하고 허물기도 하고 꿈속에서 헤매며 기다렸다.
   드디어 기다리던 그날이 왔다. 내 인생의 운명 날이었다. 다른 날보다 일찍 퇴근하여 전화통 옆에서 벨소리 울리기만을 기다리고 있었다. 얼마나 기다렸는지 저녁쯤 전화벨이 울렸다.
"여보세요?"
"성자 씨!"
"여긴 청주입니다. 광주는 못 내려갔습니다. 제가 다음 달에 결혼하기로 했습니다. 저보다 좋은 사람 만나서 행복하게 사시길 빌겠습니다."라고 말하면서 전화를 끊으려고 할 때 내가
   "확인하고자 전화 다시 해도 되겠습니까?" 하고 끊었다.
   나는 다시 전화하면서 결혼은 하더라도 한 번만 만나고 결혼하시라고 했다.
   그날 밤 부모님께 오늘 저녁 급히 어디 좀 다녀오니 기다리지 마시

라고 말씀드리고 집을 나섰다.

광주역에서 대전 발 0시 50분 무궁화호에 몸을 싣고 조치원역에 도착하였다.

조치원역에서 택시를 타고 청주에 도착했는데 새벽 2시 반쯤 되었다. 그 시간 때 영업하는 곳은 이발소뿐이었다. 이발소에 들어가 도청에 출장 왔으니 6시에 깨워 달라고 부탁했다.

눈을 감고 자는 둥 마는 둥 밤을 새웠다. 6시 정각에 일어나 수곡동 사무소를 찾아갔다.

숙직하는 직원을 깨워 조문 왔는데 집 주소를 물으니 앞 골목 몇 번째 집이라고 알려주었다. 집을 찾아 대문 앞에 서 있는데 난감했다. 이른 꼭두새벽에 더구나 아가씨 집에 생전 모르는 사내가 불쑥 나타나면 어르신들이 어떻게 생각하실까? 그리고 뭐라고 말해야 할까?

두려움과 불안, 초조함 등 별생각이 교차하는 데 머리가 어지러웠다. 하지만 내가 사랑하는 사람 앞에서 이러면 안 뇌지, 사신 있게 "실례합니다." 큰 소리로 말하면서 대문을 두들겼다.

"뉘시오?" 하며 장인 되실 분과 장모 되실 분이 테니스 라켓을 맨 채 현관문을 열어 주었다.

"어르신, 들어가서 자세한 말씀은 드리겠습니다." 두 어르신은 들어오라 하셨다.

들어가자마자 냅다 "절 받으십시오." 하고 큰절을 올렸다.

"제가 따님이 마음에 들어 여기까지 밤차로 오게 되었습니다. 저와 인연을 맺게 해주신다면 평생 행복하게 살아갈 자신 있습니다. 아버님 어머님 꼭 승낙하여 주십시오." 어디서 그런 용기가 났는지 나도 모르게 당돌하게 말하였다.

아버님 말씀 왈 "요즘 세상에 부모가 자식 결혼하는데 이래라저래라 말한다고 결혼이 되던가? 뭣보다 본인들 의견이 제일 중요하다며 내 딸이 2층 있으니 딸하고 상의해 보게나." 하고 말씀하셨다.

나는 안도의 한숨을 내쉬었다. 1차 관문을 통과한 것이다. 여기에서 막혔으면 답이 없을 텐데 하늘이 도왔다.

이 기회를 놓칠 수 없지. 아버님께 바로 찬스를 얻고 여쭈었다.

"그러면 아버님께서도 저에게 승낙해 주시는 건가요?"

"음, 난 자네가 마음에 드네. 우리 딸에게 승낙만 받아 오게나."라고 말씀하셨다.

두근거리는 마음으로 2층으로 올라갔다. 2층 그녀가 있는 방문 앞에 섰지만, 용기가 나지 않았다.

마음을 가다듬고 "성자 씨? 저 왔습니다."하고 불렀다.

성자 씨는 이불 속에서 잠자고 있는지 불러도 대답이 없었다. 얼마 후 아버님께서 큰 호령 소리가 들렸다.

"큰 아가야, 2층에 양주 한번 올려줘라." 조금 후 패스포드에 양주 한 병과 과일 상이 올라왔다. 그 양주를 혼자 앉아서 빈속에 반병쯤 마시면서 꾸벅꾸벅 졸면서

"성자 씨, 좀 일어나 보세요. 나와 보세요."

불러도 대답 없는 침묵이 이른 새벽부터 오후까지 몇 시간쯤 지나서일까 드디어 그녀가 이불을 박차고 모습을 드러냈다. 그러면서 내게 직격탄을 날렸다

"아가씨 방에 이렇게 함부로 들어와도 되나요?"

톡 쏘아붙이고 1층으로 휑 내려갔다. 큰일났구나, 이대로 끝나는가 보다. 여기서 NG면 난 끝장이고 돌아서야 했다. 잠시 후 그녀는 세수를 하고 올라와 엄숙한 발언을 할 기세였다. 긴장의 순간이었다. 여기서 그녀와의 운명의 대답을 기다리는데

"두옥 씨! 결정했습니다. 두옥 씨의 아내가 되겠습니다."

내 인생에 가장 기쁜 날! 가장 행복한 날이었다. 무슨 말을 해야 할까? 가장 듣고 싶었던 말을 듣는 순간 그녀를 보듬고 헹가래라도 치고 싶었다. 두 주먹을 불끈 쥐고

"성자 씨! 고맙습니다."

2층에서 내려와

"따님께서 결혼을 승낙해 주었습니다. 어머님, 아버님! 절 받으십시오."

엎드려 큰절하고

"감사합니다." 말씀드렸다.


광주 부모님 또한 장남이 드디어 장가가게 되었으니 얼마나 기쁘셨는지 모른다. 결혼에 이르게 된 것은 친구 영남이와. 장인어른의

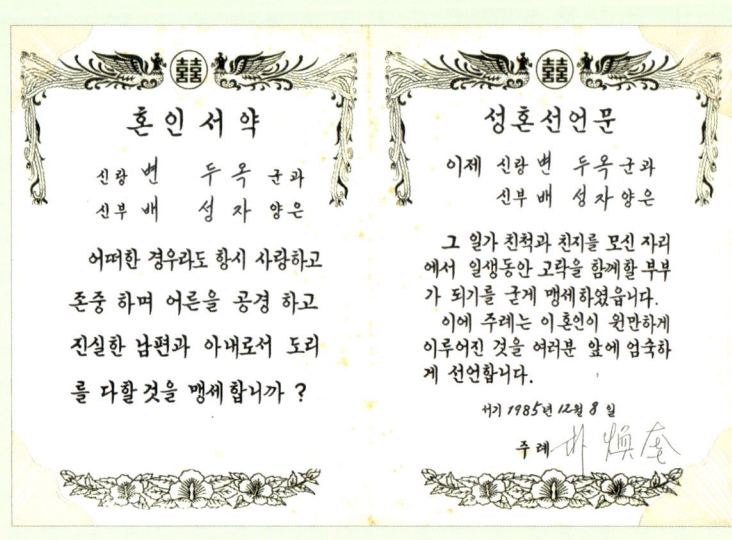

결혼 혼인 서약

결혼식 사진

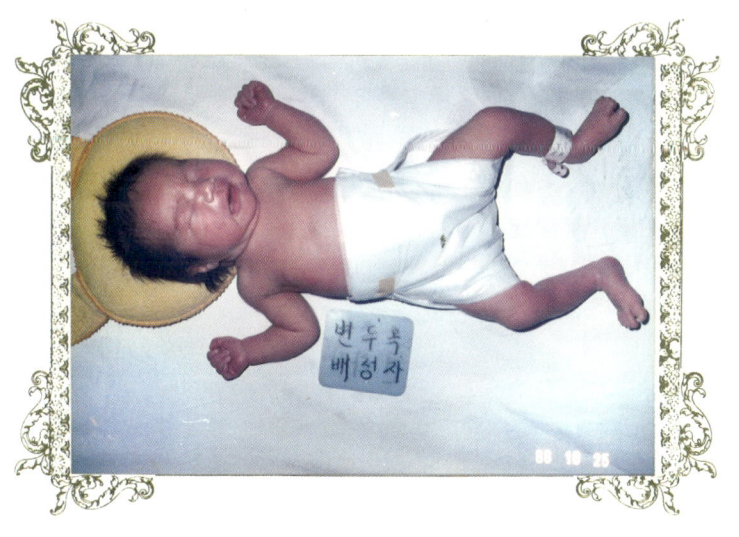

88올림픽 개막식과 함께 딸 출생

아내와 제주여행 중에

넉넉한 마음이 없었다면 힘들었을 것이다.

무엇보다 날 선택해 준 사랑하는 아내 성자 씨께 감사하며, 우리는 네 차례의 만남 속에 12월 8일 공과대학 박환규 학장님의 주례와 친구 최상 사회로 결혼식을 올렸다.

결혼식이 끝나고 나오려는데 현찬 형이 신랑 신부 친구들 모두를 따돌리고 손수 운전하여 신양 호텔에서 편히 쉬도록 해준 배려는 평생 잊을 수 없다.

다음날 제주에 도착하여 비행기에서 내릴 때 함박눈이 내리며 우릴 축복해 주는데 아내와 함께 여기에 있음은 천국이 따로 없었다.

'우리 부부는 그렇게 알콩달콩 신혼생활을 시작하였고 아들딸 낳아 세상에서 가장 행복한 가정을 이루었답니다.'

## 신혼시절의 어려움

　제주도 3박 4일 신혼여행을 마치고 서동 주택에서 부모님과 함께 신혼생활이 시작되었다.
　결혼 전에는 동생 셋과 함께 살았기에 급여 봉투를 어머니께 드렸다. 신혼 초에도 어머니가 서운해하실 것 같아 급여를 드렸더니 아내가 서운해하며 급여를 달라고 했다.
　내 월급 36만 원에서 부모님 생활비로 12만 원, 재형저축 12만 원. 부모님 회갑 여행비와 저축 2만 원, 내 용돈 5만 원, 생활비 5만 원에서 아픈 시동생이 닭고기를 좋아하여 사고 나면 아내를 위해 쓰는 돈은 생각할 수도 없었고 막내 시누 용돈도 마찬가지였다.
　아내는 결혼하자마자 임신을 하여 늘 피곤하고 입덧으로 힘들어했다. 조기매운탕을 그렇게 먹고 싶었다는데 외식 한번 못 하고 출산했다고 심심찮게 마음 아픈 얘기를 하곤 했다.

부모님 회갑 제주여행

지금도 그때를 생각하면 입이 열 개라도 할 말이 없다. 왜 그랬는지 나도 모르겠다. 후회가 들고 내 삶의 기억에서 지워버리고 싶은 시절이다.

생각해 보면 결혼 다음 해 부모님 제주도 회갑 여행을 보내드렸고 86년도에는 아들도 태어났다.

86 아시안게임 개막식과 아들 출생

변변치 않은 월급으로 살아가기에 벅찬 살림이었다. 월급만 주면 내 임무는 끝나는 줄 알았다. 살림살이에 힘들었던 아내의 마음을 헤아리지 못했으니 참 답답한 남편이었을 것이다.

빠듯한 급여로 살아가기가 어렵다는 생각이 들었던지 아내는 약국을 개업해야겠다고 말했다.

아내의 의견에 묵묵부답으로 있기에는 내 처지가 궁색했다. 나만 믿고 시집왔는데 벅찬 살림살이를 하는 아내를 위해 무엇이든 도와줘야 할 처지가 되었다.

약국 개업 자금을 확보하기 위해 누나네 집을 방문했다. 누나도 동생을 생각하면 도와주고 싶었겠지만, 막내 용돈 문제로 속만 상하고 돌아왔다.

할 수 없이 장인어른께 말씀드렸더니 집 지을 돈 일부를 조건부로 빌려주시어 개업하게 되었다.

동생들은 약국 개업하는데 부모님으로부터 무슨 혜택이나 본 것처럼 생각했었다.

이리저리 뛰어다니며 힘들게 개업했는데 내 속도 모르는 동생들에게 서운했다. 가정 살림을 모르는 철부지들 같았다.

아내는 결혼 후, 우리 집안의 어려움은 전혀 모르고 있었기에 미안하기 그지없었다. 날벼락 같은 동생 사고로 잘나가던 집안이 갑작스럽게 어려움이 닥쳤다.

아버님은 자식 병원비를 대느라 광양에 임야 10정보, 밤나무 1,600

주가 심어진 곳을 일천만 원에 측량도 없이 친구에게 넘겼다. 알고 보니 친구분이 아버지에게 사기극을 벌인 것이다.

아무리 급해도 순서가 있는 법인데 아버지는 경황이 없으셨을 것이다.

광양 제일 부자집으로 산이 넘어가고 순간에 임야에 소재한 묘지가 큰 문제로 대두되었다.

식당과 안집을 담보로 농협에서 각각 일천만 원씩 3천만 원을 마련하여 동생 목숨을 살려낸 셈이다.

어머니는 부채 이자에 원금까지 갚아나가느라 넋이 나간 상태였다. 우리 집안의 최대 위기였다.

우리 부부는 신혼이었고 아이까지 태어났는데 아무도 축복해 주는 사람이 없으니 아내의 마음은 서운했을 것이다.

나는 부모님의 처지를 이해하였지만 아내의 입장에서 보면 첫 손자가 태어났는데 이쁨도 못 받고 집안은 혼란스러웠으니 심적으로 감당하기 어려웠을 것이다.

세월이 많이 지났지만 그 당시만 생각하면 괴롭고 힘든 나날이었다.

아버님은 왜 그런 판단을 하여 땅을 팔았을까? 무엇에 씌우신 것인지?

뒷감당하시랴 힘들어하셨던 어머니, 죄송하고 고맙습니다.

이제 초로의 몸으로 가족과 남편을 위해 갖은 고생하며 약국을 지켜온 아내 곁에 돌아왔다. 지금까지 못다 한 사랑을 베풀고 싶지만 마음대로 안 된다.

약국에서 서툰 컴퓨터를 붙들고 입력하며 주변 손님들과 아내의 일을 돌보다 보니 몸은 멍들고 허리 어깨며 안 아픈 곳이 없다. 남은 세월 아내 곁에서 언제까지 돌봐줄 수 있을지 모르지만 마음은 청춘인데 몸이 말을 안 듣는다.

건강이 우선임을 깨닫는다. 아프지 말고 건강해야 아내 일도 도와줄 수 있으니까 말이다.

여보!

나를 위해 가족을 위해 고생한 당신에게 해주고 싶은 것은 많지만 '사랑한다'는 말 한마디, '고맙소'라는 따뜻한 위로의 말이 가슴에 다 가옴을 이제야 알아가고 있으니 나는 철부지 인생을 살았구려.

이제 노년으로 접어드는 칠순이 다가오니 당신에게 더 기대는 나를 보게 되네요.

삶이 다하는 순간까지 당신만을 사랑하며 살아가리다.

여보, 사랑해요.

## 장인어른과의 약속

우리 부부가 결혼에 골인한 것의 90%는 장인 어르신 덕분이다.

그때를 생각하면 무식하면 용감하다는 말이 맞는 것 같다. 일면식도 없는 장인어른과 첫 만남에 큰절을 올리며 "따님이 맘에 들어서 왔습니다."라고 했을 때 "우리 딸이 2층에 있으니 올라가 상의해 보게."라고 말씀하신 것은 90% 승인한 것이나 마찬가지였다.

나머지 10% 결정은 아내였다. 내가 아내의 응답을 8시간 기다렸을 때 이불 속에서 아내는 얼마나 고민했을까? 아내도 일생 중 가장 힘든 결정을 했으리라 짐작한다.

나에게 아내를 맞이하게 해준 것은 하늘이 준 가장 큰 선물이고 기쁨이었다.

결혼 3년째에 장인께서 우리의 어려운 문제를 조건부로 해결해 주셨다.

아내가 약국 개업 준비를 하고 있을 때이다. 토지공사에서 시행하는 하남 택지 분양을 받아 건물을 지을 준비를 하고 있었는데 돈이 부족하였다. 장인어른께서는 우리가 먼저 약국을 개업하여 돈을 벌게 되면 건물 지을 돈은 그때 갚아도 된다면서 돈을 빌려주셨다. 경제적으로 힘들 때 단비 같은 말씀으로 난관을 헤쳐 나갈 수 있었다.

장인어른은 당시 스쿨버스와 유치원 버스를 운행하고 계셨다. 오랜 지병인 당뇨 합병으로 시력이 저하되어 사람 형체만 보이는 상태에서 위험한 운행을 하시는 것이었다. 오랜 경험으로 하는 운행이라 늘 불안했다. 둘째 처남과 상의하여, 버스를 인계하고 생활비는 내 급여에서 일부 지원해 드리겠노라고 하였다.

아내 대학졸업식 장인어른과 함께

회사 가까운 곳에 사셨기에 점심시간에 잠깐 들러 장인어른 댁 냉장고를 점검하여 드실 것이 부족하면 채워드렸다.

입맛이 없으실 때는 양동시장에 들려 평소 좋아하시는 피꼬막을 종종 사다 드리곤 하였다. 장인어른은 소주 한 잔에 피꼬막을 드실 때 가장 행복해 보였다.

장인어른은 갑작스러운 저혈당으로 위기도 맞았지만 잘 극복하셨다. 당뇨 관련하여 수소문한 끝에 회사 동기이며 후배인 염행삼 매형 최수봉 박사님을 소개받아 인슐린 자동 공급기를 착용하시고 생활하였다.

장인께서 회사 가까운 하남 성심병원에 입원해 계실 때였다.

회사 직원 조문 가던 중 잠깐 병원에 들렀는데, 같은 병실에 함께 입원 중이셨던 회사 동료 나춘수 선배님이 날 손짓하며 오라고 하였다.

아무래도 장인께서 운명하실 것 같다며 귀띔해 주신 것이었다.

이럴 수가 있나! 나는 장인을 껴안고 아내에게 급히 전화했다.

"여보! 아버님께서 위독하세요. 빨리 약국 문 내리고 택시 타고 오세요."

장인께서는 딸과의 마지막 만남을 이루지 못한 채 아내가 오는 도중 내 품에서 운명하셨다.

생각하면 장인어른은 나의 은인이셨다. 평생을 갚아도 못 갚을 혜택을 받았다. 재산도 집안도 묻지 않고 나의 첫인상만 보고 딸에게 결혼을 허락해 주신 것이었다. 사는 동안 행복하게 살 것을 장인께

약속드렸다.

'당신이 사랑하는 딸과 행복하게 잘 살고 있습니다.' 문득 아내와 첫 만남 때 뵈었던 장인어른의 인자하신 모습이 선하게 떠오른다. 새 장모님께도 장인어른이 유언하신 약속을 장례 후 지켜드렸다.

하늘나라에 계시는 장인어른!

당신 덕분에 사랑하는 아내를 만났고 자식도 낳고 손주까지 일가를 이루었습니다.

주님 곁에서 영원한 안식을 누리소서!

사랑합니다. 감사합니다.

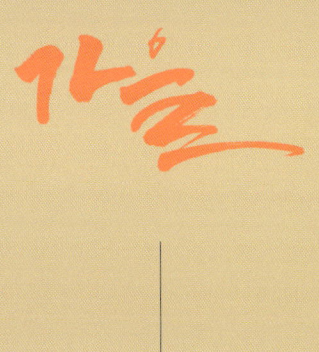

영광과 좌절, 희망의 끈

# 대우에 입사

동생이 전역하여 부모님과 함께 집에 돌아왔을 때 내 나이 29세였다.

국내 기업체 공개 채용 나이가 지나 지원서를 낼 수가 없었던 차 대우전자 모집 공고문을 접하면서 광주역 부근의 종근당 건물 대우전자 호남영업본부를 찾았다.

어렵게 본부장 면담 요청하여 내 소개를 했다. 가정사를 얘기했더니 예비역 해군 제독 출신(김용규)으로 공감을 하셨는지 서류 합격을 시켜주면서 면접은 본인이 알아서 하라고 했다.

면접 날이 다가왔다. 2천여 명 가량 예비 입사자들이 광주상고 교정에 모였다. 생애 첫 기업체 면접시험이었다.

5명의 면접관이 분야별로 질문을 하는데 나름대로 답변을 막힘없이 잘했다. 얼마 후 기대는 반이었지만 예상치 못한 합격 소식에 기뺐다.

　김영준, 염행삼, 양경희 후배들과 같은 룸에 배치되어 1년을 함께 지냈다. 동기 59명이 입사되었는데. 내가 최고령자였다. 김용규 본부장님의 특별 배려로 입사하게 된 것을 감사드린다.

　신입사원 입사 교육 후 구미 음향 공장의 품질관리부에 배치되었다. 이재욱 공장장님과 김화덕 과장을 모시고 밤낮으로 일했다. 그해에 음향 공장 수출 물량이 최고의 성과를 올렸다. 그 물량을 해결하기 위해 우리 동기들은 전체 모여서 포장하게 되었다. 여름날 얼마나 더웠던지 땀으로 목욕할 정도였다. 젖은 작업복을 짜서 입으며 열심히 일을 했다.

　자상하신 공장장님은 품질 문제가 발생했을 경우엔 기술, 생산, 품질 담당들을 불러서 의견들을 듣고 합리적, 민주적으로 해결토록 해주셨고, 바이어들에겐 최선을 다하도록 했다.

　퇴근길에 우리를 보면 승용차를 세워 숙소까지 데려다주기도 하셨다.

　김용규 본부장께서 공장장께 나와 관련 전화를 하셨던지 특별히 챙겨 주셨고 공장, 이동 시 마산 TMC 사장으로 부임하신다며 함께 가자고 제의하셨다. 부모님과 동생 문제로 함께하지 못함을 말씀드렸더니 아쉬워하셨고 훗날 캐리어 준공식에 광주에 오시겠다며 전화가 왔다.

　구미에서 함께했던 동기들과 도청 옆 남도식당에서 푸짐하게 우리 지역 음식을 대접해 드리면서 훈훈한 자리를 함께했던 기억도 떠오른다. 마산 출장길에 찾아뵙고 인사드렸다. 때론 섬진강 변에서 매운탕도 함께 먹었다.

노키아 TMC 명예회장님으로 계시다가 지금은 돌아가시어 만날 수 없지만 참 인자하시고 존경스러운 분이셨고, 내 인생의 멘토로 남아 있는 분이다.

유재활 사장님과 박희숙 사모님께서 광주공장 품질관리부로 부임하셨을 때 아들과 동갑내기 늦 쌍둥이 아들 수발에 힘드셨던 일이 생각난다.

전자렌지 품질 문제로 미국 보건성과 영국 장기 출장 시 시차 관련 통신 자료 수발신으로 공장에서 한 달 동안 꼬박 날밤을 새웠던 일이며, 때마침 조완인 신입사원은 능통한 영어실력으로 번역에 큰 역할을 하였고 이규호, 이건국, 임건호는 해외출장 해결사였다.

문제 해결이 끝나기가 바쁘게 밀어내기식(생산관리 출하) 품질보증을 힘들고 고독하게 했다.

사후관리에 꼼꼼하시고 능통하신 유재활 사장님께서는 프랑스 공장을 비롯해서 아르헨티나, 국내 서비스 부문에서도 해결사로 등장하시어 회사 살리기에 중추적 역할을 하셨으며 그분과 함께 만난 홍낙기 사장, 이해진 사장 모두의 인연들은 고향 사람들처럼 다정함을 잊지 못한다.

## 인사 명령을 받고

　대우맨으로 지내온 지 25년, 긍지와 자부심으로 최선을 다해 오늘에 이르렀다.

　2007년 연말, 사장님 부부와 우리 부부, 이성길 부부, 최재홍 부부 등 네 부부가 힐튼호텔에서 저녁을 함께했다.

　대우전자에 입사하여 마지막 관문을 통과하는 살림실에서 나는 꿈에 부풀었다. 화기애애한 분위기 속에 덕담을 주고받으며 서로를 칭찬하였다.

　승진을 위한 자리에 참석했으니 스스로 대견하게 생각했다. 연말 재물조사도 잘 마무리하여 편안한 마음으로 인사 명령만 기다리고 있었다.

　뚜껑은 열어봐야 안다는 인사의 철칙이 있다. 그렇게 믿었는데 승진 명단에 내 이름이 없었다. 모든 것이 정지된 느낌이었다.
　아! 뭐가 잘못되었을까?

　순간 아내의 모습이 아른거렸다. 부부모임에 가지 않겠다던 아내를 달래어 함께 갔었는데 결과가 이러하니 뭐라고 말해야 할까?
　이제 무슨 말로 변명할까? 아니 변명할 생각도 없고 아무 말도 할 수 없었다.
　그리고 결심했다. 내 능력은 대우에서 여기까지구나!

　잘나가던 대우가 IMF로 맥없이 무너지면서 회사는 채권단이 주인인 상태에서 10년 넘게 경영되어 왔다. 대우전자가 역사 속으로 사라져가는 순간을 맞았다.
　당시 국민은행 소속으로 함께 근무하셨던 정영현 부단장님, 우리 지역 출신으로 업무추진과 공장 가동 관련 건으로 자금결제도 잘 도와주었다. 냉장고 라인 설비 50~100억 공사도 거뜬히 결재해 주었다. 냉장고 공장장 승진엔 큰 기회가 되었던 것 같고 난 낙마되어 퇴직의 길을 걸었으니 기대는 물거품이 되었다. 나에게는 더 이상 버틸 자신이 없었다.

　다음날 사장님을 만나러 서울로 올라갔다. 사장실을 노크하고 들어갔다.

"사장님! 인사받으십시오." 카펫바닥에서 큰절을 올렸다.

"사장님, 회사 잘 살리십시오. 저는 먼저 떠나갑니다. 부족해서 죄송합니다."

사장님은 서랍을 열어 버버리 타이를 나에게 건네주며 미안하다고 했다. 대우전자 25년을 정리하는 순간이었다. 흐르는 눈물을 씹어 삼키며 돌아서 나왔다.

다음날 직원들을 회의실로 집결시켜 퇴임 인사를 했다.

"여러분 그동안 함께해 줘서 고마웠습니다. 나와 함께하면서 서운했었던 일은 용서를 빕니다. 무엇보다 회사가 어렵습니다. 회사 살리기에 최선을 다해주시길 바랍니다."

내 목소리는 떨렸고 회한의 기억들이 주마등처럼 스쳐 지나갔다. 마지막 고별인사를 하고 집에 돌아왔다.

"여보! 오늘부로 회사 정리했습니다. 당신께 제일 미안합니다." 아내는 그동안 고생했다며 말을 건넸지만 아쉬움과 남편에 대한 안쓰러움이 묻어나는 표정이었다.

다음날 태양은 여전히 동쪽에서 빛을 발하며 떠올랐고 세상은 아무렇지 않게 돌아가고 있었다.

나는 눈을 뜬 순간 출근할 곳이 없다는 걸 알아차렸지만 정신이 번쩍 들었다. 습관처럼 25년간 출근하여 밤낮으로 몸 바쳤던 그곳을 생각하니 가슴이 답답하고 화병이 날 것 같은 날은 연속되었지만, 아내의 위로와 격려는 나에게 큰 힘이 되었다.

세상에 내 마음을 알아주는 사람은 아내밖에 없었고 고마웠다.

아내는 나에게 헬스장을 나가자고 제안했다. 내가 정신 차려야지 이대로 가면 화병과 우울증이 올 것 같았다. 아내와 함께 헬스장에서 운동하며 흘린 땀으로 스트레스를 날려버리고 새로운 꿈을 향해 심신 훈련을 서서히 하며 단련해 갔다.

한때는 임원이 되어 퇴직하면 지역 경제를 위해 보다 큰 위치에서 일해 보고 싶어 광산구청장에 도전하려고 갈고닦았었는데 모든 게 꿈이었다.

결과적으로 정치에 발을 딛지 않은 것이 천만다행이었다. 정치판에 들어갔으면 시민과 경제를 위해 일한다고 했지만, 수많은 청탁과 금욕에 이용당하고 교도소행이 되지 않음에 위안을 갖는다.

아내 곁으로 돌아와 가족과 함께 잘 살라는 뜻으로 알고 사장님께 감사드리고 함께 하는 동안 협조해 주신 정영현 부단장께도 감사드린다.

기업을 떠나서 지역의 소시민으로 함께 걸어갈 것이다.

누구도 원망하지 않으며 모든 게 내 탓이오, 내 탓이오, 내 부족한 탓이로다.

# 대우전자에서 잊을 수 없는 분들

대우전자에서 수많은 분과 함께 지냈지만, 생생한 기억으로 남아 있는 분들을 떠올려 본다.

김우중 회장님 두 차례 의전이 있었다. 불굴의 의지와 탁월한 경영수완으로 무역회사 대우실업을 일약 대기업 세계경영으로 성장시킨 회장님께서 대우조선에서 헬기로 광주공장을 방문하셨는데 배순훈 사장님과 단둘이서 의전 할 수 있었던 것은 나에게는 행운이었다.

회장님이 현장에 오시면 설비, 작업과정을 세심히 살피며 질문을 하셨으며 막힘없이 답변을 해드렸던 일이다.

탱크주의를 선언하신 배순훈 사장님은 임원회의 주관 시 참석하여 진행하신 말씀이 인상 깊게 남아 있다. 배순훈 사장님은 보고 순서대로 자료를 보면서

"이 사업 누가 주인인가요?"

"예, 저입니다."

"이 사업 어떻게 하실 건가요?"

"예! 어떻게 어떻게 하겠습니다."

"더 하실 건가요? 접을 건가요? 더 하신다면 이번만 지원해 줄 테니 해보세요."

책임자들에게 사업에 대한 확신이 있는지를 묻고 자신 있고 확신 있는 자에겐 지원이 되고. 적자로 사업이 신통치 않으면 '접으세요'라고 말하면 그만두고 집에 가라는 뜻이다. 기업의 운명이 달려있는 사느냐 죽느냐가 결정되는 회의를 지켜보며 경영자의 고독함과 냉철함을 엿볼 수 있었다.

이승창 사장님이 취임하시어 공장 방문 시 하신 말씀 중 "내가 베푼 것은 모래 위에 새기고 내가 갚을 것은 동판에 새겨라."라는 말이 또렷한 기억으로 남는다.

살아가면서 자신을 앞세우지 말고 남을 위해 희생 봉사하며 은혜를 잊지 말라는 뜻이다. 그 은혜를 생각하며 묵묵히 걸어왔다.

배승엽 실베스텔 이사님과 인연이다. 품질관리를 하면서 두 번째 모셨던 과장님이다. 회사 생활에 멘토가 되어 주셨던 분이다. 품질관리란? '안 되는 것은 되게 하고, 되는 것은 더욱 잘 되게 하라'는 주의다.

육사를 다니다 오셨기에 군 스타일이 몸에 배어 지시명령이 엄했고 마음은 따뜻한 분이었다.

관리이사로 부임하시던 날, 첫 번째로 관리 팀장으로 인사명령을 내면서

"관리자란 한곳에 오래 있으면 썩는다."라며 주기적으로 보직을 순환시켜야 한다며. 날 제외한 모두를 보직 순환시키라는 지상 명령이 떨어졌다.

그 일을 해냈다. 성격이 곧은지라. 본사 관리 임원으로 가셨다가 대우를 떠나고 웅진그룹으로 가셨는데 대우에서 함께 일했던 능력 있는 사람들 몇 명과 함께 갔다.

그중 정광래 아우가 함께하면서 형제처럼 지냈으며, 김인호 부부, 김영환 부부와 프랑스 공장에서 함께하면서 가족처럼 사셨는데 일찍 하늘나라에 가셨다.

인명은 재천인가. 한창 일할 나이에 사랑하는 가족을 남기고 떠난 고인을 꿈속에서 종종 만난다.

그럴 때면 잠에서 깨어 기도드리고 명복을 빌었다. 형수님 무탈하게 잘 지내시길 바라고 사랑하는 딸 혜원이와 아들 민상이랑 늘 행복하게 사시길 기원합니다.


최안도 이사님!

70년대에 경기고와 서울대를 졸업하시고 대우그룹에 몸을 담고 오디오 사업부에서 같이 근무했고 배승업 이사 후임자로 관리 이사로 부임하시어 함께 만나서 모시게 되었다.

빅딜로 정말 어려운 시기에 오셨는데 나에게 제일 편안하게 해주신 분이다.

유머와 음악 부문에 특별하셨고 망나니 같은 직원의 금전 사고를, 떠나시면서 불편함이 없도록 해결해 주셨다. 잊지 못할 인자하시고 존경스러운 분이시다.

허진홍 이사님!

입사 이래 임원이 되기까지 인사 노무 부문에서 초고속 승진으로 일찍 임원이 되어 선두에서 사장과 함께하신 나와 동갑내기 임원이시다. 내가 과장에서 차장 진급 시 승진에서 두 번이나 떨어졌는데 부장 진급 시 조용한 목소리로 전화가 왔다.

"변 부장님, 승진 축하드려요! 전에 누락되었던 일 이번에 회복되었지요."라면서 축하와 격려로 부장 특진을 시켜주신 관리의 능력과 인사란 이런 것이라는 것을 보여주신 멋진 분이시다.

최후에 사장 취임을 못 하고 떠나셨지만 그 실력과 경력이 훌륭하시어 대구에서 교수님으로 활동하셨던 분으로 감사함을 잊지 못한다.

대우에서 좋은 분들을 모시고 지낸 것은 나에게 행운이었으며 수많은 역경을 헤치고 나갈 수 있는 큰 힘이 되었다.

## 산전수전 겪고 뒤돌아보니

 1984년 6·25 날 대우전자에 입사했기에 '6·25 동지회'라 명명했다. 59명 입사 동기 중 최고령자로 초대 동기 회장과 기숙사 동장을 맡아 봉사했다.
 입사 당시 대우전자 직원이 1만 2천 명이었다.
 IMF로 국가부도라는 사상 초유의 사태로 김대중 정부는 빅딜을 발표했다.
 "대우전자와 삼성전자 합병", "대우자동차와 삼성자동차 합병"이라는 충격적인 발표에 회사 구성원들이 반대하자 워크아웃 기업으로 구조 조정 3차를 진행하였다.
 신규 채용은 커녕 5천 명을 정리해고하였다. 모든 사람들은 살아남기 위해 별수단과 방법을 동원하였다. 통근 버스, 사내 식당, 고철 업체 사장들은 청와대까지 민원을 제기하여 정리하는데 큰 애를 먹었다.

6 · 25 동기 20주년 무등산 관광호텔에서

  감차가 되면서 버스 업체를 교체하자 무술용 칼로 날 죽이겠다고 몇 년간을 위협하였다. 버스 기사는 경비실 옥상에서 분신자살 소동을 벌리고 난리 법석이 아니었다.

  아내가 경영하는 약국을 폭파하겠다, 가족을 몰살하겠다는 등 협박전화가 수시로 왔다. 나에게 하는 협박도 힘들었지만 아내와 가족에게까지 위협하는 것은 견디기 힘들었다.

  이런저런 수난 시절을 다 겪으며 회사가 보유한 자산은 사택을 비롯 골프회원권 등을 모두 매각하여 채권단이 회수했고 관리 비용 제로화로 힘들게 살았다.

  당시 사회단체, 테니스 협회비를 사장님 명의로 내고 있었는데 힘들어 못 내겠다고 통보했더니 나복남 친구가 회사로 방문해 깜짝 놀랐다. 친구가 테니스협회 전무이사로 있다는 것이었다. 채권단에 부탁하여 1년을 더 부담키로 협의했다.

잘나가던 시절에 인사총무는 대접받고 누리며 살았겠지만. 난 무슨 복을 타고났는지 부임하자마자 빅딜이 터졌다. 김밥 3,800인분을 싸가지고 서울역, 구미, 눈보라 치던 날 광주역 집회에 버스 50대를 끌고 다니며 전쟁 아닌 전쟁을 치르고 다녔다.

3,500여 명의 대우 가족을 남긴 채 54세의 나이에 내 스스로 후배들을 위해 솔선수범 옷을 벗었다.

퇴직하고 나니 친구, 가족 형제 그 누구도 위로 격려 전화 한 통 없었다.

이승창 사장님의 배려로 (주)파워엠에스(경비, 청소업체)를 설립하여 광주, 인천, 부평 80명의 가족들과 서로를 위로 격려하며 지냈다. 10년간 김동선 공동대표로 출범하였고, 김옥중 소장님과 나복열 형님도 함께 했었다. 당시 학교장으로 재직 중이던 형주와 승재 친구가 숙직 부문에서 도움을 줘 고맙게 생각한다.

그리하여 대우전자 25년, 협력사 10년 등 35년 근무로 이별을 했다. 아울러 형사조정 10년, 노사조정 12년, 봉사활동 12년의 사회활동도 후배들을 위해 스스로 정리했다.

나는 매사에 지나침은 오히려 모자람보다 못하다는 말을 되새기며 살아왔다. 하지만 때로는 나로 인해 알지 못하게 남에게 상처도 주기도 했고 욕심이 앞서 무리한 일도 했었음을 인정하고 후회한다.

내 생각만이 옳다고 믿는 자만심은 경계해야 할 것임을 미처 깨닫지 못했다. 이제 고희의 준령을 넘어가는 길목에서 생각해 보니 잘한 일보다는 부족했던 나 자신을 발견한다.

주님, 이웃과 더불어 지금보다 더 나은 삶을 위해 살아갈 수 있도록 힘을 주시기를 기도합니다.

## 골프 입문 26년째를 맞이하며

배승엽 이사님께서 어느 땐가 "두옥아, 시간 되면 골프 배워둬라."는 말씀으로 시작한 나의 골프 얘기를 풀어본다.

그 당시에는 골프에 대해 회사 여건이나 사회적 인식은 부정적 시각이었다. 나에게도 언감생심이었고 임원이나 되어야 할 수 있는 운동으로 생각하고 있었다…. 나에 대한 관리부 인사 소식을 듣고 운창산업 대표이며 17회 임원빈 선배로부터 축하의 선물을 받았다.

새것으로 교환한다며 쓰시던 골프채 혼마투 스타 드라이브 한 개, 테일러메이드 3번, 5번 우드 두 개 호겐 아연 세트를 광주 공항으로 보내왔다.

며칠 후 이경호 사장님을 회사 임원실로 초빙하여 골프 경기 운영 방식과 규칙에 대해 기본 교육을 받았는데 교육 내용 중 기억나는 것은 이러했다.

"골프란? 자기가 선수이며 심판입니다. 자기를 속이는 선수는 부적격입니다. 한 번 부킹된 약속은 부모상을 제외하고는 반드시 지켜야 합니다.

한 번 친 골은 터치하면 벌타이고 경기 중 동반자에게 피해를 줘도 안 되는 매너 운동입니다. 오비 해저드는 경기장 규칙에 따르며 가급적 정장으로 입고 출입하여 운동복으로 갈아입습니다. 비용은 x/n 합니다." 등등

교육을 마치고 머리 올리는 날 송호 골프연습장 김필환 프로님께 공치는 방법을 배우러 갔다.

오늘 머리 올리러 간다고 했더니 기가 막힌 듯 쳐다보면서 드라이브, 우드, 아연, 퍼팅 각각 서는 자세 및 발 위치와 티박스에서 치는 방법을 알려주시며 하시는 말씀이

"절대 고개를 들지 말고 끝까지 공만 보고 치시길 명심하세요. 공 날아간 것은 다른 사람들이 봐주니 걱정하실 필요가 없어요. 개인 지도를 마치고 잘하고 오세요."

출발하면서 자신이 없어 7번 아연 하나만 가져가면 안 되냐고 했더니 골프채 전체를 가져오라고 해서 남광주 CC로 함께 설레는 마음으로 남광주 CC에 도착해 티박스에서 티업 하려는데 뒤를 보니 열 사

람쯤 되는 사람들이 모두 날 쳐다보는 것 같았다.

불안 걱정 중 드라이브를 날렸지만, 빗맞고 말았다.

"7번 아연 하나로 치면 안 되나요?" 캐디 말인즉

"오늘 같은 날 치고 싶은 대로 쳐 보세요." 말하며 "그렇지 않으면 평생 후회한답니다."

캐디는 아연 채를 빼다 주면서 쳐보라 했다.

두 번째 샷부터 공이 날기 시작하니 마음도 공처럼 날 것 같았다. 공을 끝까지 보고 치니 방식은 변함없이 똑같았다. 첫 홀을 더블보기로 마감하며 2번째 홀부터는 단 한 번 실수 없이 마지막 홀까지 모두 공이 날았다.

그렇지만 공이 멀리 날지 못하고 또박또박 날았고 퍼팅 먼 거리도 쏙 넣었고 103개로 머리를 올렸다.

캐디가 말하기를 사장님 일찍이 골프 배웠으면 프로 되었을 거라며 칭찬하였다.

동반자 김정수 형, 박도성 이경호 두 사장님께 감사드린다.

머리 올린 소감에서 "골프란 자치기와 구실치기를 합해 만들어진 경기다."라고 동반자들께 얘기했다.

그 후 월 2~3회 주일 라운딩을 하여 2~3년을 했지만, 스코어는 100 돌이로 별 변화가 없었다.

3~4년째 98-95개로 내려왔다.

5-6년째 90돌이로 주춤하더니 2004.1.1. 영암 아크로CC 첫 티업

에서 홀인원으로 짜릿한 맛도 보았다. 이글도 해보았고 싱글도 해보았다.

퇴임 후에는 권사모 회원들과 대만 가오슝을 현찬형 종윤이를 초빙하여 3박 4일 함께 다녀왔다. 2015년엔 영경이 친구가 제주도 2박 3일 회갑 기념 초청 라운딩에 기준이 병우와 함께했다.

충청도지사 세계 한국인 초청 라운딩에 재홍 부부, 병우와 함께 부산에서 연탁이 초청으로 재홍 부부, 병우 부부와 함께했다.

23 골프회에 가입하여 매월 1회 친구들과 골프를 즐긴다. 단 한 번의 연습 없이 머리 올릴 때 설레는 맘으로 임하며 최근엔 조선대학교 유스호스텔 후배들이 창립 44주년 되었는데 그 시절이 그리워 골프 모임에 초빙되었는데 골프를 함께 할 수 있어서 행복하다.

**23골프회 신자애와 함께**

언젠가 백양사 주지 스님께서 금요 조찬 강의를 시작하며 하신 말씀 중 "사장님들 골프 하시죠? 골프가 어떤 운동인지 아십니까? 골프란 마음을 비우는 운동입니다. 욕심을 내면 잘 맞던가요? 나무아미타불 관세음보살."

과유불급이다. 매사 욕심내어 일을 하면 실패로 끝나듯이 골프도 마찬가지다.

친구들과 함께 운동에 임할 때면 주지 스님을 생각하고 김필환 프로가 얘기한 '고개를 절대 들지 말라.' 이경호 사장님 교육 내용 등을 마음에 새기며 임한다.

비록 허리, 어깨 통증으로 약 복용과 복대를 하고 골프에 임하지만 건강이 허락하는 그날까지 오랫동안 함께 하고 싶다.

**친사모 아크로 CC에서**

23골프회 정기모임 광주 CC에서

제1회 조선대학교 유스호스텔 OB 골프모임 석정힐 CC

## 노사 37년 안과 밖

**사례 1. 우수사례 발표**

현장 부장과 노조 간부가 시소한 말다툼의 시작이 노조 간부의 감정 악화로 치달았다. 현장 직원 중 통증을 호소한 179명의 서명을 받아 광주지방 노동청에 고발 접수되었다.

그로 인한 노동청 근로감독관은 회사 책임자를 소환했고 대책을 요구하니 말인즉 쉽다.

179명 대책이란? 치료를 해줘야 하는데 노사협의체를 구성하여 추진해야 하는 일이다. 생산을 해서 바이어와 납기를 지켜야 하는 기업의 생명인 8라인에 환자가 50%다.

일 저지른 사람 따로 있고, 일 처리하는 사람 따로 있다더니 기막힌 문제의 현실이다.

노사협의체를 구성하여 조선대병원을 선정했다.

통근 버스를 배차하여 179명을 순차적 병원에 모두 검진을 마친 후 치료 계획을 세워야 하는데 재활의학과 과장님 상담 결과에 따라 치료 부위와 일정이 결정된다.

경견완증후군. 경추, 어깨, 팔, 손, 나아가 허리까지 상상할 수 없는 엄청난 일이다. 시작종이 울리면 땡 하고 컨베이어가 돌아가며 생산이 시작되는데 단 한 명의 공정이 빠져도 생산을 할 수 없다. 이런 상태에서 179명을 치료를 해줘야 한다는 것에 어떻게 대응하며 풀어나가야 할지? 고민 끝에 과장님 상담 요청을 했다.

현장을 전혀 모르는 과장님께 생산 시스템을 설명했고

"중소기업이라면 진즉 회사 문을 닫고 폐업 신고해야 할 상황입니다. 한 명만 빠져도 생산라인을 가동할 수가 없는데 어떻게 해야 하겠습니까? 과장님 결정이 회사를 살리고 죽이는 판정이 됩니다."

그만큼 판정의 중요성을 말씀드렸더니 정말 소중한 상담이었음을 인지했다며 상담이 시작되었고, 과감한 판정에 모든 환자는 수긍했다.

첫째, 근골격계 예방 체조를 조선대학교 체육학과에서 개발하여 업무 시작 전과 작업 2시간마다 전 공장이 방송으로 체조를 배워 실시토록 했고

둘째, 조선대, 전남대 예방의학과 합동으로 현장 전체를 작업 환경 측정을 실시하여 현장 도색, 전등 밝기, 치공구 등 모든 부분이 변경

되었으며.

셋째, 치료는 사내 치료, 사외 치료, 입원 치료로 구분하여, 회사 물리치료실 20침대 현장 상담실을 개조하여 5침대 도수 치료사를 시간제로 운영하였다.

넷째, 치료 매뉴얼을 만들어 사외 치료는 환자들 집 가까운 정형외과로 선정하여 실시했다.


이렇게 하여 만 3년 만에 치료 완료와 노동청 보고가 완료되었다. 보고서만 3공 파일로 몇 권이 됐는지 모르며 사소한 감정싸움이 어마어마한 노사문제를 야기 시킨 것이다.

'경견완증후군', 보이지 않는 한국 만성 노사 병이다.

이 문제를 발생시킨 간부는 승진도 되었고 해외 근무도 배려되었으며 노조간부는 승승장구 잘 나갔다. 사건을 깔끔하게 마무리한 나는 승진은 커녕 3년간 죽도록 고생만 했었다.

그 후 노동청 산업안전과장께서 연락이 왔다. 대우전자 근골격계질환 예방활동 우수사례 발표를 광주지방 노동청에서 노사 대표님 80분 모시고 하게 되었다. 그리고 과장께서 타 지역 인사명령으로 가시게 되었다며 선물로 대통령 표창을 상신해 주셨는데 왠지 노사 일로 대통령 상을 받는다는 것이 마음 내키지 않아 현장 후배에게 돌려줬다.

참 고맙고 인자하신 박용호 과장님이셨다(훗날 노무사님이 되어 노동위에서 함께 만났다.).

**사례 2. 3현주의**(현장, 현물, 현실)

현장에선 작업자들에게 가장 편리하고 가장 쉽게 일할 수 있도록 해줘야 한다.

자동화, 작업 공구. 작업대, 부품 공급을 교체하거나 변경하여 투입할 시 3Q(왜? 왜? 왜?)를 생각하며 추진해야 한다. 한 번 실수는 즉시 불신감을 주며 불씨가 된다. 그래선 난 3현주의를 선언했고, 공장 전 관리자들에게 현장에 1주일씩 나가 스킨십을 실시토록 하여 작업자들의 애로를 파악하고 공감대를 형성토록 했다.

**사례 3. 안전사고 처리**

현장에서 안전사고가 발생하면 생산에 막대한 차질을 발생시킨다. 가장 신속하고 정확하게 처리되어야 한다.

모터 공장에 중국 산업 연수생 80명이 공장 내 기숙사에 기거했다. 아침 기상 시 남성 한 명이 심장마비로 사망하는 일이 생겼다.

본사에 보고가 되었던 지 사장님께서 직접 전화가 왔다. 모터 공장에 책임 상무님이 계셨지만 내게 사건 처리를 하라는 지시였다. 언제 내가 이런 일을 해봤을까?

"예, 잘 알겠습니다."라고 대답을 했다.

즉시 현장에 갔다. 먼저 경찰서 신고와 국립과학수사연구소 부검실로 시신을 이동시켰다. 중국에서 부친과 여동생, 구청장(현역 대령) 세 사람이 고인 유족으로 왔다.

합의하는데 노사 담당 2명과 노트북, 연수생 통역관(업체)을 준비하여 숙소에서 양측 세 명이 마주 보고 앉았다.

양측 소개가 끝나고

"고인의 명복을 빕니다."

무릎을 꿇고 성호경을 그으며

"성부와 성자와 성령의 이름으로 아멘! 사람의 운명이 어디 마음대로 되는 건가요? 살고 죽는 것은 하느님의 뜻이고 운명입니다. 또한 고인이 근무했던 공장은 세계에서 제일 깨끗하고 청결하여 쾌적한 환경으로 소문나 있고 일을 힘들게 하거나 과도하게 시키는 일은 절대 없습니다. 이 시간 후 현장에 안내할 테니 가보시면 알게 될 것입니다."

통역관은 내 얘기를 구간별로 잘 통역을 하며 따라갔다.

휴식 시간을 갖은 후 재개하자고 제의했다. 유족도 그렇게 원했다. 재개 후 유족 측은 합의금 3천만을 제시했다. 나는 회사 규정을 얘기하면서 2천만 원을 제시했다.

내가 개인적으로 5백만 원, 유족 세 사람 왕복 항공료, 장례 비용을 부담키로 했고 1시간 만에 합의서가 작성되었다.

다음날 국화꽃 100송이를 준비하여 고인에 대한 묵념을 시작으로 헌화하며 유족들과 연수생 모두 현장을 한 바퀴 순회 후 장례식을 마치고 유골을 안겨 비행기에 태워 보내드렸다.

'어디서 그런 순간적인 능력을 받았는지?' 경험 없는 나에게 지혜의 선물임이 틀림없었다.

오! 주 하느님께서 함께 하셨던 것 같다.

**사례 4. 진심은 통한다**

냉장고 공장 현장 직원이 집에서 자다가 사망한 내용이었다.

유족 측에서 과로사로 산재 처리를 요구하며 장례를 치르지 않고 회사 대표를 찾는다는 것이다. 공장장이 해결해야 하는데 못하고 있는 것이었다.

나는 안전 관리 담당에게 망자의 근무 실태를 보고받은 바 과로 근무와는 전혀 무관하다 하여 담당자와 함께 장례예식장을 찾았다.

고인에게 정중히 문상을 마치고 유족 대표를 찾아. 회사 대표자 소개를 하며 마주 보고 앉았다.

"고인의 명복을 빕니다. 얼마나 마음이 아프십니까? 유족 대표님! 이렇게 추진해 드리면 어떻겠습니까? 고인이 지금까지 살아오는 동안 헛된 삶을 살지 않겠다면 우리는 공장에 돌아가 임원 회의를 통하여 고인을 홍보하겠습니다. 곳곳에 부의함을 설치하여 전 직원들이 자발적 부의토록 하여 비용이 얼마나 될지 모르겠지만 유족에게 전달하도록 최선을 다하겠습니다."

내 말이 끝나자 바로 유족 대표는 나에게 악수를 청한다. 고맙다며 장례를 치르겠다고 했다. 공장장에게 운구 조와 모든 장례 지원을 협조하도록 요청하였다.

약속대로 부의함을 설치하여 부의금은 공장장이 전달토록 하고 깔끔히 마무리 지었다.

### 사례 5. 최대의 위기를 극복

50년간 광주에서 살아오는 동안 그때처럼 폭설이 내린 적은 없었다. 하남공단 모든 도로가 눈 폭탄으로 물류가 중단되었다. 음향 공장 중간 동의 지붕은 눈 무게에 못 견디어 폭삭 내려앉고 말았다.

문득 2014년 2월 17일 21시 11분 경주 마우나리조트에서 부산외국어대 신입생 오리엔테이션 행사를 진행하던 중 강당 건물이 폭설로 붕괴하여 사망 10명 부상자 204명의 사상자가 발생한 사태가 뇌리를 스쳤다. 그곳은 병우. 연탁. 기준이 친구랑 함께 머물렀던 곳이기도 하다.

무너진 곳은 건물과 건물을 이어서 덮은 지붕으로 모든 물류가 투입되며 차량이 오가는 통로이다. 일하던 사람들도, 차를 타고 통행하려던 사람도 차를 버리고 빠져나왔고 모두 인명사고 없이 건물만 붕괴한 사고였다.

연일 헬리콥터가 공단 상공에서 취재를 하며 보도되고 있었다. 송병태 구청장님께 상황 보고를 드렸다. 공단 물류를 위해 긴급 제설 작업 요청을 드렸다.

공장 가동을 위한 긴급 복구를 위해 서상대 사장님과 현기 친구가 밤낮으로 복원작업을 하여 정상 가동에 기여하였다.

**사례 6. 한국 정치의 축소판 노동조합**

나 살고 너 죽자! 피도 눈물도 없는 정치!

내가 과장 때 현장으로 발령을 받고 부임했을 때, 차장 때 관리부로 발령을 받고 부임했을 때, 환영식은커녕 나에 대한 견제로 마음의 상처를 받았다.

정직하고 성실하게 바르게 살려는 날 죽이기 위한 시나리오들은 아주 저열하기 그지없는 수법들이었다.

문서 수발함에서 현장 여직원 은행에서 재발급 발송한 신용카드를 훔쳐 은행에 본인으로 위장 전화를 하여 비번을 알아내고 현금 출금과 술집, 음식점을 다니며 카드를 사용했던 일, 관리부 총책으로 부임을 받고 온 책상에 설치된 새 컴퓨터를 훔쳐 가고 모든 책임을 나에게 씌워 조직에서 날 몰아내기 위한 수단으로 저지른 범죄였다.

그들의 수법에 당할 내가 아님을 보여 주었다.

전남지방경찰청 특수수사대와, 광산경찰서 형사와 지문감식반을 합동으로, TFT를 가동하여 피폐한 사건들을 깔끔히 마무리 지어 조직의 정도를 한 수 가르쳐 줬다.

노조는 노사 간 보다 노노 간 조직 싸움이 끊임없이 이어지고 있어서 대내외적 관리의 책임자로 마음 편한 적이 없었다.

"가화만사성"을 그리움으로 간직한 채 퇴임했다.

### 사례 7. F 라인 종순 아버지 장례식

종순 아버님께서 동네 앞길에서 쓰러져 운명하셨다는데 누구 한 사람 거들떠보지 않았다. 마을 이장님께 협조 요청을 하여 리어카로 시신을 운반하여 댁 안으로 모셨다…. 문간 단칸방에서 세 식구가 힘들게 살면서 종순이는 묵묵히 방통대에서 공부하며 회사에 다니던 중 비참한 현실을 맞이하게 되었다.

장례를 치르기 위해 TFT를 가동했다. 종순이 재학 중인 방통대 동기들에게 제물을 준비하여 제상을 차리도록 했다. 난 동네 상가에서 두부 한 상자, 막걸리 한 상자, 김치 한 양판을 준비하여 장례 움막을 짓고 드럼 깡통에 연탄불을 피웠다.

그날 밤 왜 그리 폭설은 내려 비닐 움막을 힘들게 했던지 이래저래 을씨년스러운 초상집 이었다. 다행히 직원들이 퇴근하여 힘을 모아 장례식을 무사히 마쳤다.

하필 그 어렵고 힘들게 사는 종순이 신용카드를 못된 관리부 노사 담당자란 놈이 제 것인 양 쓰고 다녔다. 벼룩의 간을 빼 먹는다는 말이 딱 맞는 것 같다.

정보를 제공해 준 사람들은 일찍이 미국에 이민 가서 잘 살고 있는 오두환, 이인경 부부, 늘 현장 소식을 다정다감하게 전해주는 최승권 아우님, 뒤늦게 결혼하여 잘 살고 있다는 종순 부부였다. 그들의 앞날에 행복한 삶이 펼쳐지길 기도드린다.

# 내가 바라본 노사관계 47년

1992년도 품질 보증 과장으로 일하고 있을 때다. 대우그룹에서 우수 부 과장 일본 연수가 있었다. (MS/management. school) 일본능률협회 주관 교육과정이다. 원로 학자들의 오전, 오후 강의를 들으며 질의응답 시간이 있었다. 교육 후 3일간은 도요타 자동차 생산방식 JIT (JUST in Time) 화 견학을 비롯해 협력사 방문이 있었는데 난 방문 회사마다 노사문제를 질의했다.

당시 일본도 30년 격동기를 겪어 오늘날 안정기에 이르렀다며, 노사는 딱 이렇다 할 정답을 말하기는 어렵지만. 한결같이 교과서처럼 이야기했다.

사장과 노조 책임자가 함께 미꾸라지를 잡아 탕을 끓여서 소주를 한잔하는 것이라고 비유해서 얘기했다. '함께, 참여, 관심'이었다. 직원들 대부분은 출퇴근 시 자전거로 이동했으며, 검소한 생활 모습을 보았다. 기름 묻은 모자와 작업복을 그대로 입고 퇴근하는 모습을 보고 작업자들에게 질의를 해보았다. 엄지척하며. "나는 도요타인이다." 자긍심이 대단했고 바로 그 정신이 세계의 도요타인 것이다.

JIT화 소감은 자동차 한 대 생산 과정을 In put부터 완성차까지 모두 보았다. 작업자들은 쌍권총을 차고 춤을 추며 일하는 모습은 마치 신들린 사람들처럼 일하는 모습에 감동했다.

품질 10년, 현장 5년, 관리 10년, 회사 경영 10년, 노동위원회 12년 등 47년 동안 수많은 일을 겪은 지난날을 돌아보며 노사 관계자들께 개인적으로 당부하고 싶은 얘기는 양측 모두 사적 감정을 버려야 한다.

경영자는 경영 실정과 현실을 조합에 주기적으로 설명을 해주는 투명 경영으로 자긍심을 갖고 참여할 수 있도록 해주는 것이다.

노동조합 양대 노총은 조건 없는 대화로 노동계 대통합이 요구되며, 실리주의, 투쟁주의, 중도의 길을 선택하여 국익과 회사 발전에 기여하는 조합이 되길 진심으로 바랄 뿐이다.

# 대우전자 사보에 실린 칼럼

**탱크주의 탱크맨**

본 칼럼 탱크주의 탱크맨에서는 '탱크주의 정신'을 각자의 현장에서 실천하고 있는 사우를 발굴해 전사적으로 알리고 있습니다.
이번 호 인물은 생산현장에서 5정운동과 합리화작업을 추진해온 광주공장 전자렌지 품질팀 변두옥 과장입니다.

## 변화와 변혁 그건 바로 내 마음이요, 정신이다

전자렌지 품질경영혁신팀 **변두옥** 과장

어려서부터 좋은 습관을 몸에 익히는 것이 매우 중요하다고 생각한다. 그러나, 더욱 더 중요한 것은 자신의 변화를 추구하는 것이 아닌가 싶다.
아무리 좋은 습판이라도 고정되어 있는 것은 썩 매끄럽지가 못하기 때문이다. 보는 관점이나 시점에 따라 좋은 점은 항상 다를 수도 있으니까. 우리의 선천들을 생각해 보면 보다 편리함과 안락함만을 추구해 현실에 안주하고자 하는 요즘의 세태는 조금 걱정스럽기까지 하다.
바로 변화와 개혁을 싫어하는 탓이 아닌가 생각해 본다. 편리함과 안락함! 나 자신을 나태의 늪속으로 빠뜨리고 다람쥐 채바퀴같은 삶으로 유도하는 단어이다. 인생의 목표인 행복을 추구하는 것은 항상 삶속에서 생각하고 행동할 때만 가치가 있다.
내가 무엇을 할 것이고 앞으로는 어떻게 해야 할 것인가, 이런 생각으로부터 그에 따른 행동지침이 생기고 그 지침이 바로 바로 내 주변의 모든 일과 연결되어 자신을 현실에 대입해 보는 계기가 될 때 솔선수범의 행동이 나올 수 있다. 미래의 삶에 대한 목표를 설정하고 계획하는 진정한 삶이 이루어질 수 있는 것이다.
태어나 누군가에게 뭔가를 베풀 수 있고, 어머니가 자식에게 베풀 듯 아무 가식이 없이 상대의 입장에서 생각해 보면 서로가 이해할 수 있다. 모든 일이 잘 되면 내 탓이요, 잘못되면 조상탓, 남의탓으로 돌리기 전에 모든 일은 내 자신으로부터 시작한다는 것을 명심해야 할 것이다.
"세상은 넓고 할 일은 많다"라는 글귀가 느끼게 하듯 정말 할 일은 너무너무 많다. 지속적으로 개선하고 변화와 변혁을 추구하면 날로 새로워질 수 있고 그것으로부터 무언가를 이뤄낼 수 있다.

**추천의 말**

마음은 김건모 몸은 설운도, 보기에도 가끔 안타까움을 자아내는 우리의 터프가이. 말보다는 직접 행동으로 옮기고 옆에서 바라보는 우리가 미안함을 느낄 정도로 솔선수범을 보이신다. 항상 1시간 전에 출근해 현장 곳곳을 누비며 손수 쓸고 닦으며 동절기엔 직접 히터가동까지 책임을 지신다.
5S 및 합리화 실천을 토대로 대폭적인 정비, 개선으로 공장 주체 친절캠페인 사례발표에서도 우수한 성적을 거두는 데 일약 활약한 바 있다. 언제 어느 곳에서건 손길 하나하나를 느끼게 해주시는 분으로 오랫동안 우리 기억에 남아 있을 것이다.

품질경영팀 박경님, 김오목

## 대우전자 친절운동 추진사례 우수상 발표

⑤ 3월 29일 열린 친절운동 추진 사례발표 및 친절 대우인 선발대회. 3개월간의 성과를 평가하는 뜻깊은 자리였다.

⑥ 고객의 소리함은 친절 캠페인의 중요한 지표가 된다. 정문에서 방문객이 정성껏 작성하고 있다.

⑦ 광주공장의 첫번째 방문점검을 받는 경비대에서 협력업체 직원들을 친절하게 안내하고 있다.

⑧ 업무지원팀 주관으로 대회의실에서 매주 월요일마다 열리는 친절운동 추진 사례발표회.

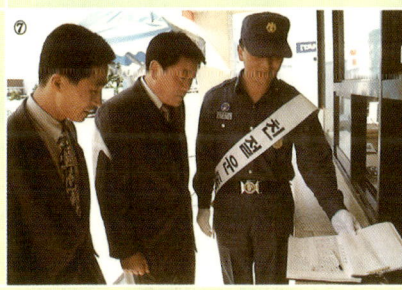

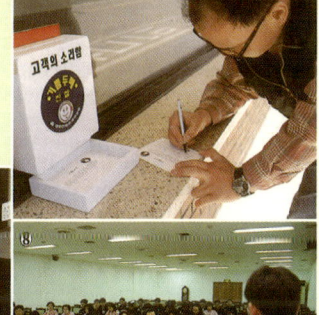

### 광주공장의 신기업문화 '친절'의 현주소

광주공장이 지난 1월 22일부터 실시하고 있는 친절운동이 막바지로 접어들면서 더욱 활기를 띠고 있다. 사원 상호간에 내가 먼저 인사하기와 대 고객 친절운동, 협력업체 친절운동 등 크게 3가지 범주에 걸쳐 실시된 이 운동은 세 가지 목표를 추진한다. 첫째 사원 상호간에 즐거운 분위기를 조성, 생산성을 향상시키고 방문고객을 친절하게 응대함으로써 대우전자의 기업이미지와 시장점유율을 높이는 한편 협력업체를 친절지도하고 공정거래를 확립하여 부품품질을 향상시키는 데 궁극적인 목표를 두고 있는 것이다.

현재 사내 직원 4백 명을 대상으로 설문조사를 실시한 결과 대부분이 지속적인 전개에 공감을 보이고 상사들의 솔선수범을 요청한 것으로 나타났다. 방문 소비자들 모니터링 결과는 직원들이 옛날보다 친절하게 맞겠다는 자세로 대고객 친절도

대우전자 소식 – 우리가족

## "믿음 있으면 뭔들 못하겠어요?"

▲ 두사람 다 바쁘기 때문에 이렇게 다정한 시간을 갖기 쉽지 않다. 그러나 서로에 대한 절대적인 믿음이 일상의 모든 어려움 잊게 한다

**믿**음과 소망과 사랑, 그중에 제일을 믿음이라고 하면 어폐가 될까?
서로 믿는다는 것, 그것은 사랑이 없으면 불가능한 것이지만 단순한 사랑 이상의 것이라 생각된다.
광주 주방기 생산부 변두옥(38) 과장 부부를 말하자면, 이들은 티나게 사랑하면서 사는 커플은 아니다. 일상의 잣대로 보면 그렇게 아기자기한 생활을 하고 있지는 못하니까.
부인 배성자(34)씨가 약국을 경영하다 보니 집안살림은 뒷전에 밀려 있는 형편이다. 아이들은 할머니가 도맡아 키우다시피 하고 있고, 집은 잠자는 곳이나 다름없다. 맞벌이 부부의 애환을 고스란히 겪고있는 것이다.
그럼에도 이들 부부는 여느 가정 못지않게 행복하다. 열심히, 서로 믿으며 살기 때문이다.
변과장이 지금의 아내를 만난 것은 '85년 가을 무렵이었다. 자신의 집에서 자취하던 아가씨의 친구를 소개받았는데, 뭐랄까 특별히 뻥 갔다든가 불꽃이 튄 것은 아닌데도 당연하게 '저 여자'란 느낌을 받았다. 그후 서너번 더 만났을까. 그리곤 그해 12월에 웨딩마치를 올렸다. 모든 것이 초스피드로 진행됐는데, 이것은 순전히 변과장의 눈물겨운 '투쟁'덕분이다.
처음에 결혼얘기를 꺼냈을 때 배성자씨는 한달간의 말미를 달라고 해놓고선, 막판에 전화로 "행복하게 사시라"는 'No' 통보를 해왔다.
이제나 저제나 하며 희소식을 기다리던 변총각이 충격을 받은 것은 당연한 일. 그 말을 듣자마자 그는 배성자씨가 사는 청주로 밤차를 타고 가 첫새벽부터 하루 온종일 배성자씨 집에서 진을 친 끝에 겨우 승낙을 받아냈다.

배성자씨는 그때 변과장이 조금만 절실해 보였어도 승낙을 하지 않았을 거라고.
순간의 선택이 한 처자의 운명을 완전히 바꿔놓은 셈인데, 그렇지만 그녀는 자신의 선택에 후회는 없다. 이렇게 자상한 사람을 어디에서도 만날 수 없었겠기에. 지금에야 이렇게 포용력이 생겼지만 결혼초엔 그녀도 많이 울었단다. 빠듯한 월급으로 살림하고 시부모, 시동생 모시는 맏며느리 역할이란 게 생각보다 훨씬 어려웠다. 게다가 남편은 출근이다, 철야다 해 날밤새우기를 밥먹듯 하여 자신은 꼭 혼자 내팽개쳐진 것 같더라고.
충분히 부부싸움거리가 될 만한데, 그러나 이들은 여지껏 서로 큰소리 낸 기억이 거의 없다. 배성자씨는 배성자씨대로 힘들을 내색않고 늘상 웃으며 자신을 감독거려주는 남편에게 차마 화가지를 긁지 못하겠다는 것이고, 변과장 역시도 자신이 사랑하는 사람인데 어떻게 싸울 수 있겠냐는

▲이 집의 귀염둥이 진혁, 민녕 남매

식이다. 특히, 변과장은 요즘에도 부인에게 깍듯이 존대를 쓰고, 무얼 일방적으로 결정하지 않고 같이 의논하는 민주적인 남편이니 어디 싸움이 날 턱이 있겠는가. 집에서 뿐 아니라 공장내에서도 변과장은 사람좋기로 소문이 나있다. 동료나 부하직원의 살뜰한 상담자다 보니 퇴근후의 한잔 신청이 끊기질 않는다. 그래도 늦은 퇴근이 당연한 걸로 돼버렸는데, 어쩌다 정상적으로 퇴근하는 날이면 아들 진혁(7)이가 어김없이 "아빠 오늘 땡땡이 쳤지?"하고 의아해 한다. 이런 때 변과장은 자신이 부족한 아빠임을 실감하게 된다고.
이 집의 장손 진혁이. 누구 자식 아니랄까봐 진혁이는 아빠를 쏙 빼닮았다. 얼굴 생김새는 물론이고 성격까지 복사판이다.
친구 좋아하는 것은 아빠를 훨씬 능가해 항상 또래 서넛은 데불고 다닌다. 그저 주는 거 좋아하고 어떤 때는 용돈까지 덜렁 줘버리는 통에 배성자씨는 좀 걱정이다. 요즘같이 제 것 잘 챙기는 영악한 아이들 속에서 상처받지 않을까 하고. 그렇지만 그녀 역시도 '아이는 아이다워야 한다'는 남편의 주장에 동의하는 터라 진혁이를 닥달하진 않는다.
맞벌이 한 지 4년만에 주월동에 아파트도 장만하고 이제는 어느 정도 자리가 잡혔다.
무엇보다 애들이 티없이 잘 자라고 있어 마음 놓인다.
사실 배성자씨가 일을 시작하면서 가장 걱정됐던 것은 진혁, 민녕(5) 남매였다. 교육문제도 그렇고, 또 잠든 애들을 일 나간다고 억지로 깨워 데리고 나올 땐 꼭 이렇게 살아야 하는 비애감이 들 때가 한두번이 아니었다.
하지만 그것도 다 지나간 일. 아이들도 이제는 엄마, 아빠를 조금은 이해하는 눈치다.
욕심 벌리면 한정없을 테고, 그저 서로의 생활에 충실하면서 가능하다면 주위도 좀 도와가며 살고 싶다는 변두옥, 배성자씨부부. 이들이 만들어가는 '믿음의 울타리'가 더없이 든든해 보인다.

글·김진희/사진·최진우

약국일이 끝나면 이렇게 애들을 데리고 집으로 잠자러(?) 온다

대우전자 소식 - 프랑스 공장에서 배승엽 이사님 가족과 김인호 과장 가족 수기

# 평일에도 점심은 집에서
# 학생들의 다양한 취미활동 보장

김영순 (인천 압축기 배승엽공장장 부인)

▲ 긴 여름휴가를 이용해 유럽일주를 자주 나섰다. '90년 스페인 바르셀로나에서

진분홍빛 자태가 우아하고 도도한 기품을 자아내는 마로니에 꽃, 지금쯤 숀빌(Thionville)시 대로엔 가로수인 마로니에가 환히 피어 오가는 사람들을 반기고 있을 것이다.
'88년 12월 프랑스와의 합작으로 전자렌지 공장을 짓게 되어 우리 가족은 그해 성탄절 이브에 샤르드골공항에 발을 디뎠다. 공항을 벗어나 시내로 오다 보니 건물 옥상에 대우 입간판이 크게 걸려 있어 무척 반가웠다.
우리가 살던 곳은 북동쪽의 국경(독일, 룩셈부르크, 벨기에) 지역으로 고등학교 국어책에 나오는 알퐁스 도테의 '마지막 수업'의 배경인 알자스로렌 지방이다. 이 지방은 끝없이 펼쳐진 초록빛 밀, 잔디(겨울에도 잔디가 파랗다), 샛노란 유채꽃 속에 싸인 작은 호수들, 성당의 첨탑들로 인해 한편의 수채화를 연상케 한다. 기후는 지중해성 기후로 여름은 덜 덥고 겨울은 덜 춥다. 우기는 가을이고, 여름은 4시면 해가 뜨고 밤 10시가 넘어도 환하다. 또 안개가 자주, 많이 껴서 자동차 헤드라이트가 노란색으로 보일 정도다.
우리가 살던 숀빌(Thionville)은 파리에서 고속도로로 3시간 정도 걸린다. 처음 도착해서는 물 설고 말이 안 통하고 시차도 틀리고, 특히 아이들 교육문제로 매우 긴장하였다.
회사는 집에서 차로 20분쯤 걸렸다. 처음 몇달은 회사식당이 없어 남편 도시락을 싸는 일과 본국에서 설비 때문에 출장을 오신 여러분들을 만나는 일로 보냈다.
아이들 교육이 제일 큰 문제였는데(그 당시 4학년, 2학년) 하느님의 도우심으로 카톨릭계 사립학교인 노틀담학교에 입학이 되었다. 동양사람들이 별로 없어 걱정을 했으나 선생님과 아이들 모두가 친절하게 도움을 많이 줘서 즐겁게 생활을 하였다. 한 학급당 인원이 27명 정도이고 토요일은 쉬고 수요일은 오전 수업만 한다. 학교에서 따로 시험을 보지 않고 수업시간에 형성평가로 대체하는데 분위기는 자유로운 편이다.
또 학교 안에 수영장이 있어 수영을 맘대로 할 수 있고 학과목에 스케이트, 승마, 스키 등이 있어 다양한 취미생활을 할 수 있다. 학기는 9월에 시작되고 여름 방학이 2개월이 넘어 (아빠들도 여름엔 대개 3주 정도 쉰다) 여름 휴가철엔 가족여행을 많이 한다. 학교과제는 많지 않고 과외 활동으로 일주일에 한번 레슨을 받는다. 대개 시에서 운영하는 음악학교, 무용학교, 축구클럽에 가거나 수영, 승마 등을 배우는데, 레슨비는 1개월에 1만 오천원 정도이고 가족들이 같이 배우면 할인도 해준다.
우리집의 경우도 작은 아이가 스케이트를 타러 다녔는데 가끔씩 나도 함께 가서 스케이트를 타며

이곳은 직장, 학교 모두 점심시간이 2시간이고 도시가 소도시여서 거개가 집에서 점심을 먹는다. 그래서 주부들은 오전에 식사준비를 해야하고, 또 식사 후엔 아이들을 다시 학교로 데려다주고 데려와야 하기 때문에 정신없이 바쁜 하루를 보낸다.

…심으로 돌아가기도 했다.
…웃에 대한 이야기를 해보자.
…리 옆집엔 브리짓트부부가 살고
…있는데 내 보잘 것 없는 영어실력
…문에 이들에게 이모저모 도움을
…이 받았다. 한번은 브리짓드
…애(5살) 봐주는 아주머니가
…자기 휴가를 받아서 내가 그애를
…주일간 봐주었는데 다 봐준 후에
…한 값이라며 수표를 써 주어서
…황하며 거절한 적이 있었다.
…리의 '정'이란 단어가 없어 짧은
…어실력을 다 동원해 설명을
…는데 그 후에 레스토랑에 가서
…녁을 사 주었다.
…국인이 많이 체류하는 탓인지
…에서 외국인 어학강좌를
…설하고 있었다. 나도 일주일에
…번씩 수업을 받았는데 여러
…적의 사람들을 만나는 것도
…미있는 일과 중의 하나였다.
…당에서 만난 폴네트 아주머니
…부의 도움도 빼놓을 수 없다.
…회 활동을 많이 하신 그
…주머니는 어머님처럼 돌봐주시고
…곳 단체의 모임과 전시회,
…주회 등에 나를 데려가 주셔서
…활의 활력소가 되었다. 지금도
…네트 아주머니와 브리짓드에겐
…끔 카드를 보내고 있다.
…생활은 회사에서 3개월에 한번씩

보내주는 밑반찬과 양념이 큰 도움을 주었다. 또 그곳엔 배추, 무우 등도 있고 야채, 과일도 흔해 별 문제는 없었다.
그곳 주부들은 매우 근면하고 검소했다. 학교수업(국민학교)이 8시에 시작되기 때문에 직장에 다니는 엄마들은 아이를 일찍 학교에 데려다 주고 직장으로 간다. 집에 있는 주부들도 집안을 치우고 나서 점심을 준비한다. 직장, 학교 모두 점심시간이 2시간이고 도시가 소도시여서 집에서 점심을 먹기 때문에 점심준비 하기에 바쁘다. 점심을 먹고 나면 아이들을 학교로 다시 데려다 주고 4시에 또 데려온다. 우리 애들도 1년은 학교에서 급식을 하였으나 그 후엔 집에서 점심을 먹어 하루에 4번씩 학교에 데려다 주고 오고 하는 것이 중요한 일과였다.
주부들은 장을 볼 때도 한군데서 보지 않고 두군데 이상에서 사고, 토요일날 아침의 벼룩시장, 야채

시장도 자주 이용한다. 또 지역 특성상 휘발유, 술, 담배는 룩셈부르크에서 많이 구입한다 (그 곳은 수입품에 대해 세금이 없어 값이 싸다).
그곳 사람들은 가족과 함께 하는 시간이 많다. 평일에도 가게는 점심시간(2시간) 동안 문을 닫으며 오후 7시면 다 문을 닫고, 일요일은 빵집, 꽃집만 오전에 문을 열고 다 닫는다. 그러니 가족들이 함께 할 시간이 많고, 휴일엔 근처 공원에서 운동도 하고 자전거도 타고 집안 일도 한다.
서부 유럽은 거의가 다 EC 가입국이기 때문에 국경통과가 아주 자유롭다. 여권만 있으면 차로 다 통과할 수 있고, 검사조차 하지 않을 때도 많다.
자연 환경도 좋았지만 문화적인 유산은 특히 부러웠다. 고고한 역사의 혼이 숨쉬는 루브르 박물관, 베르사이유 궁전, 에펠탑, 몽마르뜨 언덕, 쟌다크 생가, 곳곳의 고성들……
낯선 땅에서 지낸 2년여의 시간들. 좋은 기억을 많이 갖게 했지만 다 그런 것은 아니다. 노후의 고독한 삶을 사는 노인들, 청소년 문제 그리고 수치심마저 불러 일으키던 입양아들의 문제는 무척이나 답답하게 느껴졌다.
2년여 동안 열심히 일한 애들 아빠, 큰 세상을 볼 수 있는 계기를 갖게 된 우리 아이들, 넓은 가슴을 지니게 된 나.
이 모두가 여행이라는 큰 선물을 갖게 해준 회사의 배려 때문이리라. 지면을 빌어 감사드린다.
또 우리의 입이 되고 여러가지를 도와 준 마담리 부부, 자매처럼 지낸 지민이네 식구에게도 안부를 전한다.

…빌 현지공장 직원들과 야유회를 가서('89년)

대우전자 소식 – 회장님 기념사

# '제2의 장정(長征)'으로 다시한번 '대우신화'를 창조합시다

대우주 해와 달이 번갈아 뜨는
육대주 오대양은 우리들의 일터다.
우리는 대우가족 한집안 식구,
온 누리 내집삼아 세계로 뻗자.

땀흘려 공든 탑을 쌓아 올리는
굳은 뜻 곧은 마음 우리들의 방패다.
우리는 대우가족 든든한 일꾼,
뿌린 씨 열매 거둘 내일에 살자.

　오늘 대우 창업 4반세기를 맞는 뜻깊은 이 자리에서 저는 가슴 깊숙이 느껴오는 감격과 함께 우리의 삶과 꿈이 담긴 이 대우가족의 노래를 되뇌여 봅니다.

임직원 여러분.

　대우가족은 위대했습니다. 지난 25년의 세월동안 우리는 이 시대의 든든한 일꾼임을 자임하면서 한집안 식구로 뭉쳐 세계를 개척하고 미래를 선도하는 의욕에 찬 삶을 살았습니다. 그리고 우리는 한 세기의 비약에 견줄 만큼 응축된 땀과 노력으로 이 땅에 진정한 발전의 신화를 창조했습니다. 그 위대했던 지난 4반세기의 역사를 돌이켜 보면서 저는 대우라는 이름에 무한한 자부심과 긍지를 부여하게 됩니다.

　우리가 열정적으로 달려온 지난 세월은 우리 민족사에 있어서도 일대 변혁을 가져온 창조의 시간이었습니다. 5천년 동안 지속해 온 안주와 패배의 질곡을 벗어나고자 온 국민이 힘을 합쳐 발전을 추구했던 이 시기는 유사 이래 처음으로 경제의 중요성을 인식하고 산업화의 기반을 다져낸 민족중흥의 시대였으며 도약의 시대였습니다.

　이 역사적인 4반세기동안 대우는 시대와 국가의 요구에 부응하는 자랑스러운 삶을 살았습니다. 우리는 도전의 화신이 되어 국제무대에 한국을 알리는 개척자였습니다. 창업과 함께 수출의 가능성을 이 땅에 심었던 우리의 노력을 결코 우연의 산물이라 치부할 수는 없습니다. 한국경제의 도약을 이룩하고자 한 우리는 해외개척을 위해 열정을 바쳤으며 밤을 낮삼아 달려왔습니다. 고정된 시장에 안주하기 보다는 새로운 시장을 개척하려는 적극적인 의지로 미수교국조차도 두려움없이 뛰어들었습니다. 우리는 위기를 기회로, 부정을 긍정으로 생각하는 적극성을 몸소 실천해 왔습니다.

우리는 또한 부단한 이노베이션을 통해 이 사회의 귀감이 되고자 노력했습니다. 창업 당시의 그 열악한 경제환경 속에서도 정직한 경영을 신념처럼 실천해 온 우리였습니다. 그 출발은 비록 작은 경제집단의 보이지 않는 노력이었지만 거기에는 사농공상의 뿌리깊은 정체성을 깨고 기업의 새로운 위상을 정립하고자 했던 우리의 결연한 의지가 담겨 있습니다. 그 결과 대우는 창업 초기부터 국가가 인정하고 사회가 칭찬하는 엘리트로서 확고한 모습을 갖출 수 있었습니다. 성실한 납세로 기업시민의 책무를 시작한 우리는 수많은 부실기업을 인수해 정상화함으로써 국가기간산업을 일으켜 세우기도 했습니다. 대우중공업으로부터 최근의 대우조선에 이르기까지 우리가 이룩한 그 성취 하나하나에는 남다른 사명감으로 땀과 노력을 아끼지 않았던 대우가족의 영광이 담겨 있기도 합니다. 공존공영이라는 고결한 기업풍토 구현을 추구해온 이러한 대우의 자부심은 대우의 역사와 함께 길이 전승되어 나가게 될 것입니다.

또한 우리는 소유보다 성취를 추구하는 발전적인 자세로 국민기업으로서의 책임을 다하고자 노력했습니다. 학술, 문화, 교육, 의료, 언론에 이르기까지 우리는 이 사회가 필요로 하는 모든 분야에 지원을 아끼지 않았습니다. 사회의 그늘진 곳일수록 우리는 더욱 따뜻한 가슴으로 포용해 왔으며 미래를 위해 기초를 닦고 실력을 배양해야 할 곳마다 우리의 관심과 배려는 끊이지 않았습니다.

우리는 이처럼 한국경제를 일으키고 한국사회를 이끄는 향도였습니다. 그러나 대우는 단한 순간도 자만하지 않았습니다. 오히려 지난 25년 내내 스스로를 낮춰 이 사회의 존경받고 신뢰받는 구성원이기를 선호했습니다. 국민들 역시 대우의 숨은 노력과 앞서가는 자세를 인정하고 항상 큰 기대료 주시해 왔습니다. 진정한 성취를 최고의 가치로 몰입해 왔던 우리의 이상은 그 누구보다 높습니다. 하지만 국가와 사회를 위해서라면 우리는 차라리 낮은 곳을 지향하는 겸손의 미덕을 실천하고자 노력했습니다. 우리는 대아와 대의를 위한 희생이 최상의 발전을 가능케 하는 원동력임을 믿어 의심치 않습니다. 언제 어디서나 대우는 그런 자세로 공명정대하게 맡겨진 역할을 수행했습니다. 그리고 이러한 대우의 모습이 사회발전의 기준이 되고 모범이 될 때마다 우리는 겸허한 자부심을 지녀 왔습니다. 우리는 최고의 선은 물과 같다는 진리를 인정합니다.

대우는 또한 혁신을 추구하는 엘리트의 대명사였습니다. 항상 창조적 소수이고자 한 우리였기에 남의 뒤를 따르기 보다는 아무리 어렵고 험난한 영역일지라도 스스로 앞장서 개척해 나가기를 즐겨 했습니다. 인간의 무한한 가능성을 믿고 추구해온 우리는 또한 과감히 도전하는 진취적 기상을 숭상했습니다. 우리는 스스로 천재임을 과신하지는 않았지만 매사에 평범함을 뛰어넘어 최상의 성과를 이루고자 노력했으며 조직원 모두가 이를 위해 유감없이 자기 역량을 발휘하고 젊고 패기에 찬 진취적인 기업문화를 일구어 왔습니다.

이처럼 우리가 추구하고, 우리가 실천하고 또 우리가 기꺼이 헌신하고자 했던 숭고한 목표와 사명감에 비춰볼 때 오늘 맞이하는 창업 25주년은 자랑스럽고 명예롭지 않을 수 없습니다. 지난 개발 년대를 열정적인 의지로 헤쳐온 대우는 국가경제의 대변자요, 민족이익의 창조자였습니다.

# 여울

## 내 삶의 빈 칸 채우기

## 이제야 밝히는 그날의 진실

초등학교 6학년 때 특별 과외를 하기 위해 각 반에서 2명씩 차출하여 6-2반에서 학습을 하게 되었다.

변두옥, 변재홍, 배기열, 서병호, 이기환, 최형주가 함께 했다. 담임 선생님이 학교 근처에 빈방을 얻어서 우리는 그곳에서 합숙하게 되었다.

자정에 취침하고 새벽 4시에 기상하는데 잠이 많은 나는 선생님께 제일 많이 지적받았다. 선생님 이부자리는 어머니께서 준비해 주셨고, 군불 때는 장작은 내가 가져왔다.

재홍이는 할아버지께서 혼자 주무시는 것이 허전하셨는지 복귀 명령으로 귀가했다.

합숙실에서는 규칙이 정해졌는데 한 번 졸다 걸리면 5분간 문밖에서 찬바람 맞고 들어오기, 두 번 걸리면 강가에서 세수하기, 세 번 걸리면 벌거숭이로 목욕하기 등의 규칙을 정했다.

내가 제일 많이 걸렸던 것 같다. 앉는 순서가 내가 ①번으로 선생님 곁에 있어서가 아니었을까? ② 최형주 ③ 서병호 ④ 배기열 ⑤ 이기환 순으로 앉았다.

선생님께서는 순천과 광주에서 문제지를 조달하여 답안지를 떼고 우리에게 단원마다 풀게 하면서 채점하였다. 스톱워치를 두고 시간을 재면서 문제 풀이를 시켰다. 혹독한 합숙 훈련이었다.

어느 날 자율 학습 때 일이다.

일요일이면 담임 선생님은 출근하지 않았다. 우리들은 자율적으로 학교에 나와 공부하였다. 한번은 5~6명의 여학생 친구가 1학년 복도에서 고무줄과 팔방을 하고 있어서 몇 차례 참여를 권유했지만, 자율 학습에 참여하지 않는 것이었다.

나는 화가 나서 누구 것인지 모르지만 복도에 놓인 책보자기를 집어던졌다. 책보자기는 나뒹굴어지면서 풀어져 6학년 2학기 사회 책 목차 1~2페이지 부분이 훼손되었다. 나는 그것을 보았지만, 교실로 돌아왔다.

그날 오후 교감 선생님이 자율 학습 책임자를 불러서 교무실로 들어갔다. 내가 던진 책이 10장쯤 찢긴 채 교감 선생님 책상 위에 있었다. 분명 한 두 페이지 훼손되었던 것을 보았는데 열 장이나 찢어지

다니 뭔가 잘못되었다.

내가 던진 책보자기가 명자 것이었던지 명자 어머니께서 그 책을 일부러 찢어서 교감 선생님께 일러바친 것이었다.

왜 그러셨는지 이해할 수 없었다. 한두 장 훼손된 것을 10장이나 억지로 찢었던 것처럼 했으니 분하고 억울하였다.

다음 날 아침 그 책이 담임 선생님께 넘겨졌다.

출근하자마자 교실 문을 열고 들어선 선생님은 붉으락푸르락 잔뜩 화가 난 모습이었다.

"어제 자율 학습 어떻게 했어. 누가 이랬어…." 쾅, 책을 교탁에 치면서 큰 소리로 말했다. 우리 반 전체는 책상 위에 무릎을 꿇고 한 시간 동안 얼차려를 받았다.

선생님은 나를 교실에서 복도까지 정신없이 끌고 다니면서 타이어 슬리퍼로 죽지 않을 만큼 마구잡이로 때리며 마치 씨름 경기의 기술같이 안다리후리기 밀어치기로 교실 바닥에 내동댕이치며 맞았다.

억울한 누명을 쓰고 난 어린 가슴의 상처는 지워지지 않은 채 트라우마도 남아 70년 일생을 지배하였다. 몇 달 전 명자와 까마득한 그날의 사건을 얘기했다.

어렴풋이 기억하면서 이미 고인이 된 어머니께서 "왜 그러셨을까? 알 수가 없네."라고 말씀하시며 초대에 응해주기로 하면서 친구들 앞에서 진실을 밝혀주기로 약속했다.

늦게나마 당시의 억울한 누명을 벗고 진실을 밝히게 된다니 그 이상 무슨 바람이 있겠는가?

그러나 담임 선생님과는 화해를 못했으니 마음 한편이 무겁다.

제자가 아무리 잘못했어도 어린 나에게 무지막지한 체벌을 한 선생님의 행태는 용서받지 못할 행동이다. 오늘날 그런 일이 벌어졌다면 큰 뉴스거리가 되었을 것이다.

지금 선생님과 만난다면 모든 것을 잊고 화해하고 싶고 시대가 만든 교단의 풍경이라고 넘어가고 싶다.

그래도 위안이 된 것은 늦게나마 화해의 손길을 내밀어 준 명자 친구에게 감사하다.

# 친구를 위하여

 답회 구성은 여러 각계각층 다방면의 친구들이 함께했다.
 경찰 공무원, 도 행정공무원, 교수, 농협 근무, 수협 근무, 제약사 근무, 택시회사 경영, 포스코 전산실, 건설회사 근무, 대기업 전자 회사 근무, 대기업 전산실 근무 후 컴퓨터 대리점 개업 등을 하는 친구들이 참여했다.
 당시 제일 잘나가던 친구가 수협 지점장이었다.
 종종 시골에서 흑염소 한 마리를 잡아놓고 지역 유지들과 함께 하면서 광양, 순천, 타 지역 친구들도 호출하여 함께 했다. 반갑고 즐거우신 분들과 재미있게 지냈다.
 그런데 어찌 된 일인지 수협에 잘나가던 친구가 일이 잘못되어 수감되게 되었다. 일을 해결해 보려고 영옥 친구에게도 종종 연락했었다. 그 친구를 구하고자 여러 가지 생각을 하다 직접 교화위원으로 가입하여 회장님과 매일 같이 자문을 구했다.

회장님께서 어느 날 나에게 큰 숙제를 던져주셨다.

교도소 모범수들에게 회사 현장 방문과, 교화방송을 위한 TV 설치, 두 건을 필두로 우리가 조기 석방을 추진하기로 계획을 세워 진행해 갔다.

그간 탑회 친구들 전원은 친구의 사기를 북돋고자 조를 편성하여 출소하는 날까지 면회를 다녔다. 모범수의 회사 방문은 내 권한으로 정리되었고 TV 교화방송은 하이마트 사장님께 내가 간청하여 저렴한 가격으로 320대를 설치하기로 했다. 다 끝난 줄 알았는데 또 한 관문에 부딪혔다.

교도소 측에서 보안상 도면이 유출될 수 없다면서 공사 요청까지 부탁했다. 기회다 싶어 업체를 섭외하여 공사를 진행하면서 접견용 면회를 하게 되어 친구에게 큰 위로와 힘이 되어주었다.

공사도 모범수 회사 방문 건도 잘 진행되어 친구의 조기 석방으로 논의하게 되었는데 내부에서 딱지 사건으로 걸려 모범수 상신에 치명적 타격을 입게 되었다. 친구의 구명운동은 실패로 돌아갔다.

친구는 만기 출소했는데 친구들의 헌신적인 도움을 준 정은 잊은 채 회비 일천만 원과 친구들과 금전 관계로 불편하게 살아간다.

남은 인생은 잘못을 회개하고 용서하며 고해성사를 빌 뿐이다.

더불어 먼저 떠난 판수와, 현기 친구들의 명복을 기원한다.

# 병호 친구와의 만남과 사연

"변 선생님이시죠?"

"예, 그렇습니다."

"조선대학교 교무처입니다."

"무슨 일이죠?"

"선생님 필체가 참 좋습니다. 교무처 일이 많아서 그런데요 좀 도와주실 수 없을까요?"

"예, 나가겠습니다"

본관 교무처에 들어서니 복학생 원서가 산더미처럼 쌓여 있었다. 단과 대학별로 정리하다가 친구 서병호가 영문과로 편입한 것을 알게 되어 비상연락처를 메모했다. 일을 마치고 교무처에서 회식이 있었고 병호에게 연락했다.

병호와 난 6학년 때 입시를 위해 합숙하면서 함께했고 그 뒤 헤어지고 처음 만나게 되어 무척 반가웠다. 도내기 시장에서 두부김치에 막걸리를 마시며 지나온 얘기를 나눴다.

병호가 살아온 사연은 3사관 학교 임관 후 부평 9공수 여단에서 고공 스카이다이버로 복무하던 중 인천시민의 날 행사 때 점프 시범이 있었는데 갑작스런 기후 변화로 가정집 2층 장독대로 추락해 발목이 부러져 전역하게 되었다고 했다. 점프하면서도 잉글리쉬 900을 암기할 정도로 영문과가 그리워 편입하게 되었다며, 당시 학원자율화 문제로 총장 퇴진 운동이 전개되고 있었는데 선봉대 리더를 하고 있었다.

내가 생각하기에는 조선대학교는 학원 자율화를 부르짖으며 시위대가 도청 앞을 먼저 나갔고, 전남대 학생들은 시국 관련 긴급조치 9호 철폐를 내세우며 가던 중 두 학교 시위대가 도청에서 합류하면서 5·18의 도화선이 되지 않았나 생각이 든다.

병호와 나는 3년간 캠퍼스에서 정답게 우정을 나누며 심심치 않게 도내기 시장에서 막걸리 한 잔씩 나누며, 인생 이야기꽃으로 밤 깊어가는 줄 모르고 살았다.

졸업 후 어느 날 병호에게서 다급한 목소리로 전화가 왔다. 여 조카가 전남대병원 산부인과에 입원했는데 위독하다면서 광주를 지키고 사는 친구가 생각이 나서 전화했다며 도움을 요청했다. 마침 회사 전남대 출신 손병호 원장님의 도움으로 조카 수경이는 수술을 잘 마칠 수 있었고 생명의 위기를 극복하였다. 조카는 훗날 훌륭한 여경이 되어 있었다.

정노 아우랑 한 직장에서 근무하고 있는 수경이와 고향 소식을 잘 전해주는 영기 선배와 함께 만났다.

병호 친구! 반갑네.

자네와 청춘을 보낸 추억의 시간들은 나의 기억 창고에 켜켜이 쌓여 있다네.

한 번씩 친구가 생각날 때면, 기억 창고에 있는 필름을 꺼내보면서 그때 그 시절을 떠 올린다네. 우리가 만났던 푸른 캠퍼스 광장에서 민주화를 외치며 뜨거운 날을 보냈던 청춘은 어디 가고 초로의 나이가 되었으니 세월의 무상함을 실감하네.

구례 지리산 기슭 전망 좋은 곳에 전원주택을 짓고 산불감시와 허가 사냥을 하면서, 오가는 친구들 불러 우정을 나누며 아내와 행복하게 살고 있는 병호 친구!

남은 인생 멋지게 잘 살다 가세!

## 내가 가야 할 길이 아닌 정치

대학 입시를 앞두고 서석동 재명 선배 집에서 하숙할 때 승채와 함께 지냈다.

승채는 하숙비를 못 내 식사 지급이 중단되었는데 순간 망각하고 아침밥을 함께 하려고 밥상에 앉았는데 밥 한 그릇이 없었다. 그로 인해 친구는 말없이 떠났다. 사전에 얘기가 되었던 모양인데 난 그런 사연도 모르고 있었다. 학교에서 만나 당시의 사연을 들었다.

하숙집에서 나와 승채는 아는 형 소개로 학동에 김 사장님 댁 자제 영표 군을 지도하러 가정 교사로 들어갔다고 했다.

승채 친구는 공부도 잘했지만, 운동도 잘했다. 고3 때 공무원 시험에 우수한 성적으로 합격하여 충금동 사무소에서 근무하면서 야간대학에 다녔다. 공부하기 위해 말뚝 숙직을 맡아 했다.

머리 좋고 능력 있는 승채는 4급 승진 시험까지 합격하여 시청 민

고교 졸업식 승채, 현기

원계장으로 있었다.

젊은 나이에 민원계장이 되니 나이 든 계장들이 얕잡아 보는 경향이 있어 이대로 행정 공무원을 해야 할지 고민하였다. 잘나가던 사무 관직을 그만둔다는 것은 번민과 두려움이 있었을 텐데 오로지 자신의 실력을 믿고 과감하게 결단한 그의 용기는 대단하였다.

법원직으로 옮겨야겠다는 결심을 하고 공부한 끝에 합격하여 법원 주사보로 강릉 춘천지법에서 근무했다.

얼마 후 법원사무관 시험도 합격하여 고등법원 형사과 사무관으로 내려왔다. 시험만 보면 합격하는 승채에게는 무슨 괴력이 있을까? 궁금했다.

누구나 선망하는 자리에 올랐어도 승채의 집념은 여기서 멈추지 않았다. 고시 공부를 한다며 자리를 많이 비웠다.

몇 차례의 도전 끝에 27회 사법 시험에 합격하였다. 한번 합격하기도 어려운 공무직에 도전하여 목표를 이루는 승채를 볼 때마다 깜짝 놀랐다.

현재에 만족하지 않고 정해진 목표에 도전하는 불굴의 정신은 어디에서 나오는지? 가정 형편 상 하숙비를 못 내고 나와야 했던 가슴 아픈 일이 전화위복이 된 계기를 만들었지 싶다.

연수원에 교육을 받으러 다닐 때였다. 내가 서울 본사 출장을 갈 때 고속도로 휴게소에서 승채를 우연히 만났다. 우연의 일치이지만 승채와 나는 필연적으로 만날 친구였던 것 같다.

승채가 사법 연수 수료 후 판사가 되어 광주 법원에 근무할 때 선배 박도영 부장 판사와 함께 근무한다고 하여 내가 방문한 적도 있다.

"판사가 음주 운전자를 기각했다."는 소식이 언론에 보도되었다.
승채에게 전화했다.
"친구야 무슨 일이냐?"
"판사인 내가 술 한 잔 먹고 음주운전을 했었는데 하필 음주 운전 두 건이 올라와서 고민하다가 기각했더니 이렇게 시끄럽게 떠들고 있다, 더러워서 판사 못 해 먹겠다. 나 그만두련다."
농담인 줄 알았는데 친구는 판사를 사직하고 변호사 개업을 했다.
변호사 개업 후 시장 선거에 출마하였다. 고재유 후보와 경선을 치렀는데 패했다.
그 후 현장 팀장으로 있을 때 기회가 주어져 친구를 홍보할 겸 이승채 변호사를 사내 강사로 초빙을 했다. 생활 법률 상담을 주제로 대우전자 현장 직원들에게 생활에 도움이 되도록 강의를 부탁하여 좋은 반응을 얻었다.

당시 승채는 '세상에 공짜는 없다.'라는 책을 쓰고 있었다. 얼마 후 책이 출판되었고 많은 책을 구입하여 사무실에 비치하고 협력업체 사장들에게 선물로 드리면서 승채 친구 홍보를 해주었다.

내가 퇴직하자 어떻게 알았는지 국회의원 출마한다면서 도움 요청이 왔다. 친구로서 당연히 도와주겠다면서 흔쾌히 승낙했다.

필요한 집기를 승용차에 싣고 후보 사무실로 옮기고 선거전에 대비할 준비를 갖추었다.

수행 비서와 기사, 사무 여직원은 보수를 지급하고 나는 자원봉사 하기로 정하니 마음이 편하고 홀가분했다.

나 역시 후보를 돕기 위한 봉사자로, 기업에서 25년 경험을 토대로 최선을 다해 도왔다.

아내가 사준 새 재킷을 입고 일하다가 히터에 타는 줄도 모르고 분주했던 때였다.

개소식 때는 내가 평소 알고 지냈던 변지훈 가수를 사회자로 초빙하여 훌륭한 개소식을 하였다.

드디어 본격적인 선거전에 돌입하였다. 합법적 선거를 하기 위해서는 식사 문제, 후원자 접수 등 신경 쓸 일이 한두 건이 아니었다. 별 사람들이 다 찾아오는데 모두가 소중한 한 표를 후보에게 달라면서 최선을 다하여 성심성의껏 홍보했다.

매일 후보 일정과 결산 회의를 했다. 후보의 아내인 정 박사는 시원한 성격으로 복잡한 일을 풀어가고 힘든 선거 운동을 하는 데 큰 힘이 되었다.

정신없는 중에 몇몇 자원봉사자는 자신의 실익을 챙기는 모습도 보았다. 후보와의 친분이 있는 봉사자들로 잿밥에만 눈을 밝힌 사악한 사람들도 보았다.

과천 안양지역에 전략 공천을 받게 되어 안양에서 개소식을 하고 안상수 후보와 한판 일전을 겨루어 상당히 높은 지지율을 얻었지만 역부족이었다.

친구를 위해 최선을 다해 선거 운동을 하면서 나는 지금까지 체험할 수 없었던 정치 현장 수업을 받았다.

이후로 정치는 아무나 하는 것이 아니라는 것을 깨달았다.

내 재산이 100억 정도 있으면 50억은 국민을 위해 봉사하겠다는 마음으로 출마해야지, 청탁과 금전의 유혹에 흔들려 잘못하면 감옥 가는 길이 정치라는 것을 체험했다.

그때 정치 현장을 보고 나서 내 인생에 정치판에 뛰어드는 일은 없을 것이라는 결심을 했다.

승채 친구가 선거에 당선되지는 못했지만, 내 인생의 경험을 살려 아낌없이 도와주었다. 그 진실한 마음을 친구는 아는지 모르겠다.

## 보고 싶은 그리운 친구 찾기

어느 날 오후 입력되지 않는 전화가 걸려 와 받을까 말까 망설이다
"여보세요."
"변두옥이가!"
"누구십니까?"
"너 내가 누군 줄 아냐?"
"네가 누군데?"
"하평에 사는 남병우다. 기억하나?"
"병우. 암, 기억하지! 너희 동네 종삼이, 종호, 복순, 순애, 친구들 아니냐."
"그래 맞다. 와! 억수로 기억력 좋네."
"반갑다 친구야! 근데 내가 너 보고 싶은데 어떻게 하면 좋냐? 너 어디 사는데?"

"난 울산에 산다."

"그래 난 울산 잘 모른다. 네가 이리 온나."

"그래, 기다려 봐라!" 전화를 끊고 몇 시간 후

"나, 너희 집 앞에 도착했는데 얼굴 좀 보자."

그리하여 우리의 만남이 이뤄졌는데 졸업 후 40년 만에 첫 만남이었다.

"와! 억수로 반갑다. 친구 어렸을 적 모습 그대로네." 연탁, 선례, 윤심이도 함께 왔다. 정말 반가웠다.

"느그들 머 먹고 싶은데?"

"홍어가 먹고 싶다."

"그래 내 단골 윤가네로 가자."

그날 밤, 홍어 시리즈에 막걸리를 기울이며 추억의 지난날을 얘기했다. 기준이도 합류하여 늦은 밤 폭탄주로 3차까지 걸치고 다음 날 아침 해장국을 나누며 헤어졌다.

몇 달 후 병우로부터 전화가 오길

"그때 내가 광주 안 갔나? 이번엔 네가 울산에 와야 되지 않겠나? 광양에 버스 한 대 대절했으니 꼭 와야 한다." 병우의 명령이었다.

승용차로 광양에 내려가 미리 준비한 버스를 타고 친구들과 함께 했다. 각자 준비한 고로쇠 물과 찰밥에 맛있는 음식들로 풍요로웠다.

즐거운 대화 속에 시간 가는 줄 모르고 울산 바닷가 펜션에 도착했다. 1층은 남자 친구, 2층은 여자 친구 전국에 있는 친구들을 만나게 되었는데, 상하 방 살다가 헤어졌던 영희도 함께 했다. 졸업 후 처음 만난 형순이…. 남북 이산가족 상봉하듯 반겼다.

　이렇게 아름답고 멋진 만남을 병우가 추진한 것이다.

　그 후 내가 보고 싶은 친구 영경이를 찾았다. 무척 반가워했으며 서울 출장길에 저녁을 함께 했는데 어디서 많이 본 듯한 친구였는데 이름이 생각나질 않았다.

　현역 대령 배일순 친구였다. 그날 밤은 우리의 무대였다. 노래방에서 셋이 어깨동무하며 서울에서 우정의 밤을 함께 했다. 아침 해장국을 나누며 헤어졌고 보고 싶을 때마다 우린 즉시 연락했다.

　곡성 태안사에서 은어회, 은어구이에 한잔했고, 무안 세발낙지에 밤실 영기 선배랑 함께 했으며, 나주에서 곰탕을 먹고 여천 영경 아버님 산소에 함께 인사도 드렸다.

　밤늦게까지 단둘이서 술잔을 기울이며 회포를 풀기도 하였다.

　다음날 하동 송림 정원을 산책 후 채첩국에 아침을 먹고 광주를 들러 서울로 갔다.

　2016년 봄날! 영경이는 친구들 5명을 제주로 초대했다. 친구들 회갑 기념으로, 골프와 여행 겸 2박 3일을 함께 했으며 헤어질 때 아내들에게 줄 선물로 푸짐한 오메기떡 한 상자씩을 안겨줘 아름다운 추억을 남겼다.

　친구들의 우정을 생각해 보니 이번 칠순 땐 내가 친구를 초대하여 작은 정성이지만 저녁 한 끼라도 우정을 나누고 싶다. 남은 인생 서

영경친구 회갑 초청 제주도에서

로 함께 어울려 살며 노 여사님 시낭송, 연탁의 희나리, 승구 가수, 승진 친구의 명창, 효임이 그룹, 임 여사님 트로트, 나훈아 2세 조공철 가수, 가족 대표 정승 엄마 등 두루 흥겨운 노래 한 곡씩 들으며 행복한 인생 2막을 살았으면 참 좋겠다.

# 지리산 천왕봉

　이승창 사장님은 산을 참 좋아하신다. 광주 공장 업무차 내려오시게 되면 유 기사님께 등산화를 준비시켜 무등산 주차장에서 새인봉까지 가볍게 워밍업을 하시고 공장에 오셔서 업무보고를 받고 상경하셨다.
　어느 날 본사에서 지리산 종주를 공지하여 광주 관리를 내가 주관하게 되었다. 〈성삼재 – 노고단 – 연화천- 벽소령 대피소 – 장터목~천왕봉 – 법계사 – 중산리 주차장〉 코스를 추진하면서 벽소령 대피소에서 단체 일박을 하는데 관의 도움을 받아 어렵게 예약했다.
　도움을 주신 분에게 사장님께서 회사 제품을 선물해 주시기도 했다. 나는 하필 당시 무릎 관절 수술을 하여 휠체어 신세를 지고 있어 동행할 수 없었지만 산행 경험이 없고 추진하는데 자신이 없어 잘 되었는지도 모른다.

**친구 김인현과 지리산 천왕봉에서**

　이래저래 지리산은 내 가슴속에 맺혀 있었다. 그런 차에 아내가 친구들과 바래봉을 간다기에 "여보, 나도 함께 가면 안 될까?" 말했더니 아내는 다른 친구들 남편도 아무도 없는데 당신만 어찌 끼워주겠냐며 "안돼!" 하면서 단호히 거절했다. 그때 친구 김인현 교수가 생각났다.

　"어이 김 교수, 자네 지리산 천왕봉 가봤는가?"

　"응. 몇 번 가봤지!"

　"이번 주일 날 시간 있는가?"

　"응. 있지."

　"그럼 나 좀 안내해 주게, 함께 다녀오세."

　"그러세."

　주일 새벽 김밥과 간식을 준비하여 새벽 5시에 광주를 출발하기로 했다. 〈중산리 주차장 – 칼바위-장터목 대피소 – 천왕봉 – 법계사 – 칼바위 – 중산리 주차장〉으로 회귀하는 12.4km 약 9시간의 코스였다.

살아오면서 이렇게 빡센 산행은 처음이었던 것 같다. 친구는 자연을 벗 삼아 가끔 카메라에 담으며 여유롭게 날 앞세우며 뒤따라 올랐다. 천왕봉 가는 길에 다람쥐가 라면 먹는 모습도 카메라에 담았는데 참 흥미로웠다. 천왕봉 가는 길은 멀고 힘들었고 내리막 5.4km는 급경사여서 내 체력으로는 한계에 다다랐다.

천왕봉을 기어오르면서 원용이가 생각났다. 지리산이 좋아서 23년간 매년 거르지 않고 서울에서 구례까지 기차를 타고 택시로 성삼재까지 이동하여 성삼재에서 새벽 5시에 땡 하고 출발하여 천왕봉까지 35km를 종주하고 오후 4시쯤이면 어김없이 상경하였으니 대단한 정신력의 소유자다.

자랑스럽고 존경스럽다. 친구야!

아내 친구를 계기로 인현 친구와 함께 지리산 천왕봉을 다녀왔음에 감사드린다.

## 회갑기념 한라산 산행

아내는 몇 차례나 "당신 회갑 선물 뭘 해줄까? 당신 마음에 든 것으로 결정해."라고 말했다.

생각하고 고민하다 서로에게 도움이 될 수 있는 선물이 뭐가 좋을까?

"찾았다! 여보! 당신이나 나 제주도 여러 차례 가봤지만, 한라산 정상은 못 가봤지 않아? 이번 회갑 기념으로 함께 다녀오면 어때?"

"당신이 그렇게 하자면 좋아요."

둘 다 한라산 정상을 가보지 못했기에 함께 갈 친구를 생각했다. 산! 하면 조원용 친구다. 23년 지리산 종주를 해낸 원용이에게 사연을 얘기했더니 기뻐했고 선형 부부와 함께 하자고 제의했다. 원용 부부는 서울에서 제주로 우리와 선형 부부는 광주에서 제주에 도착하여 제주공항에서 렌터카로 이동하기로 했다.

원용 부부와 회갑 기념 (한라산 산행 백록담에서)

일정이 결정되고 원용인 종종 나에게 당부 전화가 오길 "맨 술만 먹지 말고 산행 연습을 종종 해야 한다"며 걱정스러워했다. 평소 워낙 사람들을 좋아하는 나였기에 산행 연습은 뒷전이었다.

출발 날이 다가왔다. 세 부부가 제주공항에서 함께 만났다. 선형 부부는 시내 관광을 하고 두 부부는 〈성판악 – 사라오름-진달래대피소 – 백록담 코스(9.4x2 = 18.4k)〉로 정해 소요 시간은 8~9시간 예상하고 기분좋게 출발했다.

지난 추억의 얘기를 나누며 숲속의 기운도 느끼고, 들꽃도 감상하면서 가볍게 산행을 하였다. 산행 중 원용 부부는 내가 도중에 낙오하고 못 갈까 걱정되어 사기 진작을 위한 응원가까지 연습했단다. 완

주시키기 위한 배려가 고마웠다. 걱정했던 것보다 잘하고 있다며 칭찬을 해주며 기뻐했다.

코스는 완만하여 어려움은 없었지만 한라산 정성은 먼 거리였다. 사랑하는 사람과 좋아하는 친구와 함께하는 인생길이라 생각하고 힘든 줄 모르고 정상에 도착하여 기쁨을 함께했다.

지극히 성공적으로 기념사진을 남겼다.

회갑 기념 한라산 산행은 원용 부부 덕분에 성공적으로 마쳤다. 하산 후 선형 부부와 합류하여 시내 관광을 즐겼다.

친구 부부와 함께 한 한라산 등반은 잊지 못할 추억으로 남아 있으며 동행한 두 부부에게 감사드린다.

친구가 보낸 편지

# 내 친구 변두옥

인생은 여행과 같다라고 흔히 말합니다.

나는 그 인생이란 여행에서 여러 사람을 만났습니다.

고향의 죽마고우들, 오랜 직장 생활에서 만난 직장동료들, 취미생활이 같은 동호회에서 만난 사람들 등등….

그러나 그중에서 제일 오래되고 자주 만나는 사람들은 고향의 죽마고우들입니다.

우리 고향 친구들은 고등학교 재학 중에 9명이 모임을 만들어 칠순이 된 지금까지 만나고 있습니다. 그러나 안타깝게도 그중 한 친구가 (서현기) 병환으로 세상과 이별을 했습니다.

그런데도 우리 죽마고우들 모이는 숫자는 그대로 9명입니다.

왜냐하면 이미 고인이 된 친구의 자리를, 광주에서 고인과 고교 시

강천사에서 종환 두옥 순방이와 함께

절 함께 공부했던 두옥이가 그 자리에 대신 들어왔기 때문입니다.

우리 죽마고우 친구들은 고향이 모두 전북 순창인데, 두옥이만 고향이 전남 광양입니다. 순창 출신들 모임에 고인이 된 친구의 그리움으로 광양이 고향인 사람이 모임을 함께 하는 것은 서로의 배려와 교감이 있었기에 함께하고 있습니다.

7~80년대 대우그룹은 대졸 사원을 정규 채용할 때, 소위 말하는 SKY출신들만 모집했습니다. 그런데 두옥은 광주 소재 지방 대학을 졸업했는데도 당시 대한민국 일류 기업인 대우그룹에 당당히 합격

을 했고, 대우전자에 입사해 능력을 인정받아 관리부장에 발탁되었습니다.

관리부장 재직 시 인사노무와 대관업무를 변화와 혁신으로 결과물을 도출해 내 대표이사께서 능력을 인정한 엘리트였습니다. 이런 능력 때문에 회사를 퇴직한 후에도 광주 전남에서 노사 조정위원(15년)과 형사조정위원(10년)에 선임되어 공적 업무를 수행했고, 지역에서 꾸준히 봉사활동을 하고 있는 보기 드문 이력의 소유자이기도 합니다.

두옥 친구는 매사에 겸손하고 책임감이 강한 친구입니다. 고교 시절 고향 친구의 소개로 알게 된 두옥이는 소록소록 눈이 내리는 밤에 소곤소곤 밤을 새우며 담소하고 싶은 그런 소중한 친구입니다.

친구 조순방

 친구가 보낸 편지

## 단상斷想

　세상에 태어나 지금까지 살아보니… 건강을 자랑하던 친구는 어디로 갔는지, 돈 많다고 거들먹거리던 친구는 지금은 뭘 하는지, 머리 좋아 공부 잘했던 친구는 지금 어떻게 사는지, 좋은 직장에서 출세했다고 자랑하던 친구 지금은 어떻게 되었는지, 알랭들롱을 닮았다던 친구는 지금도 멋쟁이일까?

　지금 와서 생각해 보니 모두 부질없더이다.

　건강하던 친구도, 돈 많던 친구도, 출세했다던 친구도, 머리 좋다던 친구도, 멋쟁이 친구도 얼굴엔 주름살로 가득하고 방금 한 약속도 잊어버리고 얇아진 지갑을 보이며 지는 해를 한탄하며 하루하루 힘겹게 살아가더이다.

　가는 세월 누가 막을 것이고 오는 백발 어찌 막을 건가. 청산은 날 보고 더없이 살라 하는데 어찌 더없이 살 수 있단 말이요. 그저 구름

**조대부고 동창들과 모교 교정에서**

　가는 대로, 바람 부는 대로 살다 보니 예까지 왔는데 어찌하오리.
　"이제 모든 것이 평준화된 나이, 지난날은 묻지도 말고, 말하지도 말고 알려고 하지도 말고, 따지지도 말고, 앞으로 남은 세월 만날 수 있을 때 만나고, 다리 성할 때 다니고 먹을 수 있을 때 먹고, 베풀 수 있을 때 베풀고 사랑할 수 있을 때 사랑하고, 봉사할 수 있을 때 봉사하고, 볼 수 있을 때 아름다운 것 많이 보고, 들을 수 있을 때 잘 듣고 좋은 말 많이 하고."
　그렇게 살다 보면 삶의 아름다운 향기와 발자취를 남길 수 있지 않을는지.
　인간의 가장 아름다운 순간은 바로 '지금 이 순간'이다.

그리고 우리의 삶이 끝나고 호흡이 정지되면, 육체는 한 줌 흙으로 돌아가겠지요.

감사하며, 기쁨으로 사는 것이 이 땅에서 누릴 수 있는 최고의 행운이지요.

한 해의 서두에서 정말 인생 80까지 살면 90점이고 90살이면 100점이라고. 평소에 공언해 온 것이 타당함을 새삼 확인하는 것 같다. 오늘도 화두처럼 여기는 평범한 진리를 다시 한번 되새긴다.

1. 기적은 특별한 게 아니다. 아무 일 없이 하루를 보내면 그것이 기적이요

2. 행운도 특별한 게 아니다. 아픈 데 없이 잘 살고 있으면 그것이 행운이다.

3. 행복도 특별한 게 아니다. 좋아하는 사람과 웃고 지내면 그것이 행복이다. 하루하루가 하늘에서 특별히 주신 보너스와 같이 생각하면 된다.

오늘은 선물입니다. 하느님께서 나에게 특별히 주신 선물입니다.

오늘은 내가 부활한 날입니다. 어젯밤에서 다시 깨어났습니다.

70세부터는 하루하루가 모두 특별히 받은 보너스 날입니다. 오늘을 인생의 첫날처럼 사시기 바랍니다. 그리고 마지막 날처럼 즐기며 사십시오. 천국은 감사하는 사람만이 가는 곳이라고 합니다. 건강하

게 살아서 숨을 쉬고 있음이 엄청난 축복이고 은총입니다. 부디 매일 매일 매사에 감사하며 즐겁고 행복한 시간을, 항상 기쁨이 충만한 생활이 되길 기원합니다.

  아프지 마시고 항상 건강하시기를 기도합니다.

  늘 즐겁고 행복한 날 보내십시오.

약사 성호섭

 친구가 보낸 편지

# 내 인생에 자네가 있어서 참 행복하네

공자는 논어 위정 편에서 '칠십이종심소욕불유구七十而從心所慾不踰矩'라고 했네.

나이 칠십이 되면 마음이 하자는 대로 무엇이든 하고 싶은 대로 해도 법도에 어긋나지 않는다. 즉 인생을 살면서 도달할 수 있는 가장 최고의 경지라고 할 수 있다는 뜻 아니겠는가….

오늘 칠순, 고희 제2의 청춘을 맞이하게 된 것을 진심으로 축하하네.

칠십은 제2의 새로운 인생이라고들 하지 않던가. 남은 인생 항상 멋지고 건강하고 행복이 가득한 날 보내시길 바라는 바이네.

어느 날 자네가 칠순을 맞아 자서전을 쓴다고 전화가 왔길래, "내 인생의 지난 역사를 복귀해 사실대로 기록해 보는 건 참 좋은 생각일세"라고 말했었지.

돌아서서 생각하니 우리가 벌써 이렇게 나이를 많이 먹었던가 지난 세월이 주마등처럼 지나간 적이 있었다네.

  그동안 일흔을 살아온 세월 동안 겪어온 자네의 인생 순간순간들은 참 소중하고 가치 있고 아름다운 삶이었다고 생각하네.

  유난히도 부모님에 대한 효심이 깊었고, 형제자매들은 물론 주변 친구들까지 두루두루 챙기고 살피는 자네의 자상한 성품은 가히 타의 모범적이었네.

  심지어 필리핀 마닐라 외곽 쓰레기장 마을에 사는 가난한 사람들과 어린이들을 위해 후원회 임원들 부부와 동문 선후배 등과 두 차례 방문하였고 선교지에 파견된 수녀님에게는 코로나 팬데믹으로 힘든 시기에도 불구하고 정기적으로 물품과 현금을 지원하고 돕는 헌신적인 봉사 정신에 친구로서 많은 감동을 하기도 했었네.

  우리는 대한민국 남쪽의 작은 농촌 시골 마을 하운 부락에서 농부의 아들로 태어나서, 담벼락 하나를 사이에 두고 어린 시절을 보냈었지.

  자네는 그 시절 나름대로 신식 교육을 받으신 부모님께서 일찍이 광주로 유학을 보내서 우리는 유년기부터 서로 떨어져서 살아야 하는 운명이었지만 자네의 자상함으로 매년 방학 때는 나와 만나서 우정을 쌓아왔었지.

  성인이 되어서도 자네는 주경야독하면서 서울에서 직장 생활을 하고 있는 나를 자주 찾아준 우정의 친구였다네.

  한번은 자네가 대학 다닐 때 해외 연수를 다녀와서 바티칸 베드로 성당에서 특별히 샀다고, 나에게 준 귀하고 예쁜 값진 묵주를 선물해

변재흥 손주 지안이 돌잔치

주어서 감동을 받았던 적이 있었네.

그렇지만 어느 날 양복 속에 늘 넣고 다니던 소중한 묵주가 없어져서 허탈해하고 있었는데, 나중에 알고 보니 집 근처 세탁소에 양복을 맡겼는데 주인이 돌려주지 않아서 자네한테 말도 못 하고 아쉬워하던 차, 갑자기 그 세탁소에 불이 나 전소되었다네.

속으로는 귀한 묵주를 돌려주지 않은 세탁소 아저씨가 하느님의 저주를 받으셨다고 생각했던 적도 있었네.

지금도 생각하기 싫은 얘기를 하나 해야겠네.

자네는 대학교 재학 중에 강원도에 있는 '인제 가면 언제 오나 원통해서 못 살겠네'라는 말이 회자되는 최전방 GOP에서 군복무를 하면서도 휴가 때마다 서울에 들러서 나를 만나곤 했었지.

어느 날 해주 동생이 광주에서 고등학교를 졸업하고 우수한 예비고사 성적으로 서울에 올라와 대학 본고사 선택 문제로 상의를 할 때, 경쟁력이 꽤 높은 경희대 행정학과 지원을 내가 완강하게 만류하지 못해 합격하지 못한 것을 자책하고 있다네.

　더구나 해주 동생은 군대에서 제대 3개월을 남겨놓고 불의의 사고를 당해 1급 보훈가족으로 있는데 지금까지 동생을 보살피고 평생 가족의 비운으로 살아가고 있는 자네와 해주에게 마음 한편에 미안한 마음 금할 길이 없다네.

　성인이 된 지금도 우리는 매년 주기적으로 만나면서 서로가 노인이 되어 가고 있는 모습을 바라보면서 살아가는 우리의 운명적인 만남을 참 소중하고 고맙게 생각하고 있네.

　고희古稀는 오래도록 건강하게 살 수 있는 나이, 인생의 한고비를 넘긴 나이, 새로운 삶을 시작하는 나이라는 의미가 있다고 하네.

　사랑하는 의리의 사나이 두옥, 다시 한번 칠순을 축하드리네!!

　자네는 겉으로는 대인관계 좋은 부드럽고 따뜻한 사람이고, 안으로는 강한 정신력을 가진 외유내강外柔內剛형 신사로 오랜 세월 동안 우리에게 진한 우정과 사랑과 행복을 주었네.

　인생 여정에서 얻은 지혜와 사랑을 사랑하는 자식들에게도 듬뿍 주면서 남은 인생 항상 건강하고 더 많은 행복과 평안이 함께하는 아름다운 삶을 보내시길 기원하네.

　친구, 내 인생에 자네가 있어서 참 행복하고 고맙네.

2024년 2월 1일
필리핀 마닐라에서, 변재홍 배상

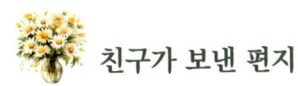 친구가 보낸 편지

# 인생길 함께 가는 동반자

    연일 대설주의보로 온통 하얀 세상이다. 사랑하는 이의 따뜻한 포옹이 그리운 계절이다. 이런 날이면 따뜻한 천막 안에서 파전에 막걸리 한 사발이 생각난다. 그러다 별안간 외로움이 들 때면 달달한 막걸리처럼 구수한 친구가 떠오른다.

    둥글둥글한 모습에 마음은 순하디순한 친구에게 막걸리를 냅다 들이붓는다.

    취기가 올라 살짝 비틀거려도 끝까지 어깨를 내줄 수 있는 친구. 언제나 마음 맞고 기분 좋게 동반자가 되어주는 그런 친구가 변두옥이다.

    굵은 비가 세차게 내리던 어느 날 여럿이 친구 집을 찾았다. 버선발로 맞으며 추위 걱정해 주시며 큰 접시에 돼지불고기 가득 담아내어 많이 먹으라고 하시던 아버지와 어머니를 그대로 빼닮은 두옥이는 몸이 불편한 동생은 물론 주변 친인척까지도 거두며 살아가는 철인 같은 친구다.

한창 동문 활동과 더불어 금남로와 충장로 구석구석에서 민주화를 외치던 대학 시절 때 무등산 한 구릉에서 국방색 재킷에 검은 베레모 깃 세우고 깃발 지켜온 친구의 기상은 오래도록 남아있다.

무정한 게 세월인가, 흘러 흘러 이젠 칠순이 되었다. 허허둥둥 세상 홍에 맞추다 보니 여기까지 달려왔다.

당나라 유정지劉廷之가 읊었던가.

"年年歲歲花相似(년년세세화상사) 歲歲年年人不同(세세년년인부동)"

해마다 계절 꽃은 피건만 내달렸던가. 팥순이 된 鄭선배는 나를 보고 '한창 청춘'이라 하고 동사무소 언니들은 날 보고 '어르신'이라 한다.

하늘은 푸르고 강물도 푸르고 세상은 어떻고 내 상관할 바 아니고 겨우내 혹한 이겨낸 연록빛 새싹처럼 늘 옅은 미소로 맞아주는 친구가 좋다.

요즘도 친구는 매주 수요일이면 지극정성으로 독거노인 도시락을 배달하고 있다. 그 모습을 보면 필리핀 수도 마닐라 쓰레기산을 뒤지는 아이들의 손을 움켜쥐고 먼 하늘을 눈물로 그리던 친구의 모습이 겹친다.

난 친구를 보면 세인의 영역을 벗고 혹한의 눈발을 홀로 헤치는 수사修士의 길을 잃는다.

녹호회 봉사활동 및 여행 (필리핀 마닐라 빠야따스)

앞으로도 그의 자유 의지는 세상 사람들의 곁눈은 아랑곳없이 모래바람 피하지 않을 것 같다. 나는 가끔 그와 함께 걷는 꿈을 꾼다. 깊은 어둠이라도 길은 잃지 않을 것이기에….

어이 친구. 청춘이라네! 시간 있는가? 막걸리 한잔하세.

친구 최상

### 친구가 보낸 편지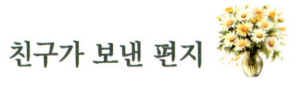

# 사랑하는 마음으로 꽃이 되어

〈계묘년을 보내며〉

저물어가는 계묘년 모두가 그리움입니다. 봄날의 꽃, 여름날의 푸르름, 가을의 단풍과 겨울의 하얀 눈. 모두가 그리움이지요.

우리는 모두 인류라는 공동체 안에서 하나로 연결되어 있지요.

우리는 서로에게 필요한 존재, 나도 누군가의 허허로운 가슴에 그리움으로 남고 싶습니다. 살아간다는 게 힘들고, 인간관계가 어려울지라도 그 속에서 오롯이 자라는 그리움. 그 그리움 키우며 살아가요.

인간은 실수와 부족함이 많다지만 조금만 넓은 마음으로 바라보면 사람으로 태어난 게 사랑이고 같이 산다는 게 공헌이지요. 인생은 작고 외로운 것들이 인연으로 모이고 떠나면서 만들어지는 것.

절망과 고통이 지난 다음에 위대함이 탄생하는 것, 우리 모두 그리움으로 남아요.

누군가의 하얀 가슴에 아련한 그리움 전하며 살아가요.

〈새해를 맞이하며〉

희망찬 새날이 밝았다. 새날을 준 우주에 감사한다.

우린 얼마나 행복한 존재들인가. 저 높은 하늘과 산과 들 그리고 아름다운 사람들 그 속에서 마음껏 꿈을 펼치는 우리들 삶에는 언제나 후회가 따르는 법.

그건 우리가 인간이기 때문이다. 완벽은 신에게나 가능한 것. 인간이 완벽해지길 바란다면 그것은 교만이다. 흡족하진 않지만 그런대로 계묘년을 보내고 이제는 가슴 설레는 임진년 더 넓은 마음으로 더 사랑하는 마음으로 꽃이 되어 사랑이 되어 아름다운 꿈을 펼치자.


〈아름다운 새해의 출발〉

이 아름다운 새날에 제일 먼저 해야 할 일은 자기를 존중하는 것이다. 자기를 새롭게 하는 것. 세상에서 가장 존귀한 나. 관습과 권위에 너무 머리 숙이지 말고 자기 자신으로 존재해요. 관습과 권위는 창조성을 잃은 자들이 숭배하는 것. 이 세상 모든 것은 우주에서 빌려온 것, 대화하라. 하늘과 산과 들과 나무들과…. 그리고 꿈을 향해 활기차게 살아가라.

겸손도 배우고 친절도 배우고 사랑도 표현하며 아름다운 세상을 만들어가자. 푸르른 용처럼 푸른 하늘을 마음껏 날며 세상이 나에게 준 만큼 나도 세상에 빚 갚으러 최선을 다하며 살아가자.

산수동 성당 시인 김삼호 베드로

# 그리고...

인생 2막, 아름답게 살기

## 그대가 그리워질 때면

하찮은 꽃나무에도 자주 물을 갈아주면서

또 미물인 강아지에게도 포근한 잠자리를 꾸며주면서

마땅히 사랑해야 할 시어머니에게 따뜻한 말 한마디

부드러운 미소도 건네주지 못한다면

저는 무슨 공로로 하느님 나라에서 영원할 수가 있겠습니까?


사람을 만나려 할 때

부드러움과 너그러움으로 평화의 향기로

더불어 살아가는 기쁨을 얻게 하소서

저를 만나는 사람들은 누구나

신비한 향기의 여운을 간직하게 하소서!


이웃을 바라볼 때

이웃으로부터 상처를 입거나

이웃에게 상처를 입히는 일이

없음을 체험하게 하시고
이웃을 사랑으로 바라보는
평화의 행복을 쌓다 가도록
저의 영혼에 촛불을 당겨 주소서

자기를 버리지 못할 때
주님. 저에게 자신을 버릴 수 있는
지혜와 용기를 주소서
교만의 안개, 게으름의 안개 본인의 안개를
걷히게 하시고
이기심의 연기 불만의 연기 자기의 폐쇄의 연기
검은 연기를 없애주소서

# 사랑으로 하나가 된 우정회

　시간을 초월하고 공간을 떠나 이뤄지는 우정과 사랑!
　우리들의 지난날엔 시공을 초월한 그런 소설과 이야기들이 종종 있었다. 그땐 지금과 같은 교통과 통신의 발달이 있기 전이기에 가능했을 것인데 사람 사는 세상은 함께 할 때 정이 들고 그 정을 바탕으로 사랑도 우정도 싹이 트는 것 아닐까 싶다.
　꿈꾸던 문명이 현실이 되고 첨단의 교통과 통신 문화를 누리고 사는 지금에는 젊은 세대들이 시공을 초월한단 말을 이해나 할 수 있을지 모르겠다.
　대면 관계에 익숙해져 살아온 우리들 친구 간에도 스마트폰이나 컴퓨터를 사용한 의사소통이 더 편리하고 자주 사용하는 관계의 수단이 된 지금, 친구뿐 아니라 이웃 친지 지인들과의 인간관계는 어떻게 변화시켜야 하고 받아들여야 하는지 어려울 때가 많다.

남해에서

집에서 멀지 않은 산수동 성당에서의 신앙생활을 통해 함께 살아가는 사람들이 많다.

같은 듯 다르고 다른 듯 같아 보이면서 일상을 공유하는 이웃.

그렇게 이웃으로 함께하며 지금까지 20여 년 가까이 우정을 쌓아오고 있는 네 쌍 부부 모임인 〈우정회〉 만남은 그중 유달리 정이 가고 특별한 마음이 담긴 모임이다.

산수동 성당에서 처음 만났고 각자의 삶에 투철하게 살아가면서도 서로를 위로하고 격려하는데 행동과 정성을 아끼지 않는 소중한 우정을 가꿔온 삶의 동반자들.

6·25 전쟁이 끝나고 격동의 시기에 태어나 치열한 청춘기를 보

내왔고, 지금은 60대의 인생 시기를 지나는 중인 우리들 자신들의 어깨 위에 부모님, 그리고 자식들의 삶을 얹어 살아왔고 그걸 당연하게 여기며 살아오느라 제대로 자신을 챙길 수 없었던 스스로를 신앙의 이름, 이웃의 이름으로 만나서 서로가 위로하며 격려하고 지탱해 주는 든든한 버팀목이 되고 있다.

 이사를 하여 멀리 있어도 어김없이 소식 나누고 주기적으로 만나 서로를 어루만지는 진한 형제애를 나누는 우정회.

 우리들만의 공동체를 벗어난 봉사에도 많은 손길을 보내고 있으며 이를 당연한 사명으로 받아들이는 구성원들이 고마울 따름이다.

산수동 성당<br>
김영석 알베르토

## 여행 중 잊지 못할 고마운 분들

**#1**

1970년 현기, 광용, 영배랑 백양사로 산행하러 갔다. 신비로운 백학봉 아래 고즈넉한 백양사가 자리한 곳에 들어서니 머리도 개운해지고 마음도 상쾌했다.

우리는 야영장에 텐트를 치고 여정을 시작했다. 백양사에서 산행과 즐거운 시간을 보내고 여행 경비를 체크했는데 집에 돌아갈 차비가 없었다.

여행 경비를 공동으로 모아서 지출했어야 했는데, 각자 비용을 쓰다 보니 주머니가 텅 비어 있었다. 대책 없는 우리들이었다.

정읍역에서 여성 네 분에게 사진 좀 찍어줄 수 있느냐고 접근하여 말문을 튼 후 교통비가 없어서 큰일이라고 말을 건넸다. 생면부지인 아가씨들에게 말하기 쑥스러웠지만 자존심을 내팽개치고 용감하게 말했다.

사진은 모두 8명이 찍었고 주소를 주고받았다. 아가씨들 네분은 아무 말 없이 모두가 역 대합실로 들어가 버렸다.

자존심이 상해 돈 달라는 것을 포기하고 돌아서는데 그중 한 분이 내게 손짓하며 대봉홍시를 건네며 얼마가 필요하냐고 물었다. 천 원이면 된다고 했더니 선뜻 천 원짜리 지폐를 든 손을 내밀면서 주는데 정말 고마웠다.

천 원의 행복. 부끄러움도 무릅쓰고 용기 내 얻은 천 원으로 친구들과 나는 무사히 집에 돌아올 수 있었다.

후에 고마운 마음에 함께 찍었던 사진과 함께 빌린 돈도 넣어 보내 드렸다.

백양사 산행 후 군산 누나들과 정읍역에서

#2

  1975년 영천에 소재한 육군 삼사관학교에 친구 원용이를 면회 갔었다. 가던 날이 장날이라고 하필 그날 박정희 대통령의 학교 방문으로 면회가 중단되었다.

  영천까지 7시간이나 걸려 멀리 왔는데 친구를 못 보고 그냥 돌아갈 수 없어서 1주일을 기다려 꼭 만나고 돌아가자며 다짐하고 가보지 못했던 미지의 도시 포항에 발을 딛게 되었다.

  버스에서 내리자 관광안내소가 보여 근무하는 아가씨에게 포항 관광 안내를 물었더니 반가워하며, 여동생을 소개해줘 그분의 안내로 보경사를 구경했고 저녁까지 사주어 맛있게 먹었다. 그날 밤 나이트 클럽에서 술까지 마시고 다음날에는 점심까지 과분한 대접을 받았다. 미지의 도시 포항은 두 여인의(정귀분. 정경분) 정이 있었고 순수했었다. 고마운 두 분께 감사를 전한다.

  처음에 약속했던 대로 1주일간 영천에 머물다가 아버지께서 면회를 오셔서 함께 원용이를 면회하고 돌아왔다.

#3

  해외 필드 써브웨이 업무를 마치고 귀국길에 헝가리에서 출발하여 네덜란드 암스테르담에서 12시간을 대기해야 했기에, 헝가리 강승구 지점장에게 오스트리아 관광을 하고 싶다 하여 빈에 들렸다.

  호텔에서 버스 시티투어(3시간 30분) 코스가 있었다. 강 지점장은 버

해외 Before Service 헝가리 강승구 지점장님과

스에 날 태워주며 사우나에서 휴식 좀 취하겠다며, "형! 잘 다녀와요." 인사하고 헤어졌다.

가이드는 독일어로 안내하여 무슨 말인지 도무지 알 수 없었으나 천재 음악가 모차르트를 낳은 매력의 도시이며, 생가, 헝가리, 체코슬로바키아, 슬로베니아, 스위스, 독일의 중심에 있는 나라이고 1955년 중립선언을 한 국가라는 설명을 들려줬다.

시내 곳곳을 돌아보고 마지막 내려준 곳에 내리고 보니 인적 없는 외곽 도로였다.

종일 비가 내리는 중이라서 위치를 전혀 알 수 없었고, 언어가 통하지 않는 곳이라 당황해서 뛰기 시작했다. 한참을 뛰다 보니 KAL 사무소가 보였다. 반가워 다가갔더니 이전 안내문이 붙어 있었다. 다시 뛰기 시작하다가 사람을 만났다.

반가워서 영어로 크게 얘기했다. 길을 잃었다며 호텔을 찾고 있다고 했더니 날 보며 100m쯤 가다가 왼쪽으로 가면 호텔이 보일 것이라고 손짓을 해줬다.

또 뛰었다. 비와 땀으로 흠뻑 젖었다. 와! 드디어 찾았다. 프린스 승용차를 찾아보았다. 승용차가 있었다.

강 지점장을 찾기 위해 호텔 몇 바퀴를 돌다 둘이 마주쳤다.

"승구야!"

"형!"

둘이 보듬고 기뻐했다. 형, 어찌 된 일이냐고 물었다. 사연을 얘기하다가

"형! 빨리 타. 늦겠어."

승구는 액세레이터를 밟기 시작했는데 방향을 잃고 헝가리 쪽으로 30분을 갔다가, 방향을 돌려 독일, 네덜란드를 향해 밟았다. 승구는 "형, 공항에 도착하면 방송에서 형을 찾고 있을 거야. 3번 게이트로 무조건 뛰어. 내가 티켓팅 후 건너 줄게."

"응! 잘 알았어."

내리자마자 무조건 3번 게이트로 뛰었다. 승구는 티켓을 손에 쥐여주며 정신없이 헤어졌다. 조그마한 소형 비행기가 날 기다리고 있어 탑승했다. 모두가 날 쳐다보았다. 쑥스러웠고 미안하다며 정중히 인사를 드렸다. 오스트리아 빈에서 국제 고아가 될 뻔했던 추억과 강승구 지점장은 잊지 못한다.

#4

필리핀 여행 중 빠야다스 후원회 현지 방문 시 최현 마르띠노·이상희 마리아(회장님 부부), 범병균 루치오·김주리 데레사(기획이사 부부), 변두옥 요셉·배성자 요셉피나(재정이사 부부) 세 부부가 필리핀 마닐라 쓰레기 산에서 생활하시는 신부님을 찾아뵀다.

악취가 진동하고 썩은 물이 질퍽거리는 길은 장화 없이는 생활하기 힘든 곳이었다.

한 평이나 되는 좁은 2층 다락방에 겨우 잠만 잘 수 있는 침대와 달달거리는 선풍기만 있는 열악한 숙소였다.

영양실조 걸린 애들만 선별하여 급식을 주는 것이 신부님의 임무였는데 후원처에서 후원금이 없으면 그마저 중단되는 사실을 알고 후원회가 발기되어 방문하게 된 것이다.

마닐라에서 식당에 들어가기 전 숙소에서 먹을 간식과 캔맥주를 샀다.

식당에서 점심을 먹기 위해 자리를 잡고 앉았는데 천정에서 물이 떨어져 다른 곳으로 자리를 옮겼다. 식사를 마치고 나오려는데 크로스백이 없어졌다. 의자 뒤에 걸어놓은 것이 실수였다. 눈 깜짝할 새였다. 가방 속에는 여권과 지갑이 들어 있었다.

당황하여 허둥대는데 신부님이 여권은 신규 발급을 받자고 말하여 백화점 사진관으로 갔다.

아내는 홀로 앞에 가고 있었고 나머지 일행들은 얘기를 나누며 뒤

따라갔다. 백화점에 도착하여 들어가려는데 아내가 보이질 않았다.

　아내를 찾으러 신부님은 뛰기 시작했다. 두 분만 백화점에서 기다리기로 하고 모두가 나서 찾기 시작했다. 낯선 길이고 인파가 많아 찾기가 힘들었다. 누구에게 납치된 것은 아닌지 별생각이 떠올랐다.

　한 시간쯤 주변을 맴돌다가 우연히 아내를 찾았다. 이산가족 만난 것처럼 반가웠다.

　아내는 무심코 걸어가다가 백화점을 지나쳐 간 것이다. 하마터면 아내와 생이별할 뻔했던 사건이었다.

　여권을 발급받기 위해 필리핀 한인회장인 재홍이 친구와 동행하여 대사관에서 초고속 여권을 발급받았다. 그 덕분에 아내와 일행 모두가 공항에 합류하여 기뻐하며 함께 귀국했다. 재홍이 친구의 고마움을 잊지 못한다.

## #5

　옥스퍼드에서 한 달 연수를 마치고 귀국길에 프랑스에서 3박 4일의 여행을 시작하는 날이었다. 몽마르트 언덕과 개선문, 에펠탑, 노트르담 대성당, 루브르 박물관, 센강 스케줄로 진행되는 일정이었다. 루브르 박물관 투어 중 일행 한 명이 이탈되어 안 보였다.

　오후엔 센강 투어 준비 중인데 한 명이 도착을 않고 있으니 다음 일정을 진행할 수가 없었다.

　4명씩 조를 짜서 동료를 찾기 시작했지만 영어가 통용되는 나라도

# PAYATAS 빠야따스 산 아래

소식지 2호
2013. 2

### 빠야따스 방문기

## 빠야따스의 슬픔

〈신부님 숙소 앞에서〉

필리핀 빠야따스에서 빈민사목을 하고 계시는 양상윤 빈첸시오 신부님과의 인연으로 시작된 빠야따스 후원회 임원들이 현지를 직접 눈으로 보고 듣는 것이 후원회 활동에 도움이 될 것 같아 방문계획을 세웠고, 2012년 5월 25일 필리핀 마닐라행 비행기에 5명의 임원들과 함께 몸을 싣게 되었다. 마닐라에 도착하자 마자 후텁지근한 더위와 무질서함이 우리 일행들을 지치게 했다.

둘째 날 드디어 신부님께서 사목하고 계시는 마닐라 근교 빠야따스(쓰레기산)라는 곳에 가게 되었다. 마닐라 시내의 외곽인데, 지저분하고 가난하기만 한 곳이 존재한다는 것에 놀라웠고, 정부로부터 철저하게 버림받은 사람들이 어쩔 수 없이 힘겹게 살아가는 그런 곳으로 인식되어졌다. 신부님의 안내로 들어간 그 곳 마을은 더할 수 없이 더러웠고, 악취가 진동 하는 쓰레기더미 속에서 살아가는 비참하고 열악한 환경이 마음을 찡하게 했다.

특히 쓰레기 침출수에 들어가 더러운 비닐을 열심히 씻고 있는 아이들을 볼 때는 쳐다보는 것 조차 민망하여 고개를 숙여야 했다. '왜 같은 인간으로 태어나 이토록 다른 환경에서 살아야만 하는 걸까?'를 생각하니 그 곳 사람들이 슬픈 존재로만 생각되어졌다.

먹을 것이 없어 영양실조에 걸린 아이들을 보면서도 어찌할 수 없어 바라만봐야 할 그 곳 부모들의 마음을 생각하니 안타깝기 그지 없었고, 그나마 양 신부님을 만나 도움을 받는 아이들을 보니 작은 것이라도 나눌 수 있는 따뜻한 마음이 절실하게 필요할 것 같았다. 다행히도 후원회원들의 도움으로 깨끗하게 갖춰진 급식소를 볼 때는 힘을 보태주신 많은 후원회원님들이 고마웠고, 낯선 사람들을 바라보는 초롱초롱한 아이들 눈망울 속에 감추어진 슬픔을 보는 것 같아 더욱 마음이 아팠다. 더욱이 신부님의 숙소를 보는 순간 경악을 금치 못했다. 두 평이 채 되지 않는 방에 조그마한 책상겸 탁자와 한 사람만이 겨우 누울 수 있는 1인용 침대, 그리고 덜덜거리며 힘없이 돌아가는 조그마한 선풍기 한 대, 변기 커버도 없이 물로 세척해야 하는 화장실, 이 모두가 너무 열악해 보이는데도 신부님은 이런 환경을 마련해 주신 하느님께 그저 감사할 따름이란다.

그 곳을 떠나올 때는 누구나 기피하고 가고 싶지 않을 그런 곳에서 묵묵히 사목활동을 하고 계시는 신부님을 보면서 늘 가난한 자들의 힘이 되어 주시는 그 분이 참으로 가까이에서 보는 성자의 모습처럼 느껴졌고, 우리 일행 모두는 하느님께 영육간의 건강을 주시라고 기도 드렸다.

짧은 일정으로 돌아 본 빠야따스의 아픔은 곧 우리 모두의 슬픔이었다. 앞으로도 가난에 허덕이며 사는 분들께 지속적인 구원의 손길이 이루어져야 하겠음을 절실하게 느꼈었다. 빠야따스를 후원하는 후원자님 모두께 하느님의 은총이 가득 내려지시길 빌고 또 빌었다.

2013. 2 부회장 **김주리** 데레사

## 녹호회 필리핀 빠야다스 후원회 봉사활동 후 소식지 6호

◈ **후원회 임원 및 회원 필리핀 빠야따스 방문** ◈ (1월 22일 ~ 1월 25일)

후원회 설립직후 후원회 임원진들이 1차로 필리핀 빠야따스를 현지 방문하였고, 금년 6월에는 재무이사를 맡고 있는 변두옥 임원님과 회원 6명이 2차로 빠야따스 현지를 방문하여, 현재 급식소 운영을 책임 맡고 있는 두분 수녀님으로부터 현지 운영현황을 자세한 설명을 들었고, 아이들에게는 준비해 간 맛있는 치킨과 음료수들을 나누어 주며 즐거운 시간을 함께하고 돌아왔습니다.

아니고 불어다 보니 소통도 안되고 답답하기 짝이 없었다.

대사관으로 먼저 행방불명 신고를 했고 점심을 했던 한인교포 회장님에게 상황을 얘기했고 동생이 경영하는 오아시스 식당에도 연락했다. 오후 투어를 포기하고 호텔 숙소로 이동하여 호텔 앞 도로에서 4명씩 조를 짜서 동서남북 도로를 지키며 기다리던 중 속은 부글부글 끓어올랐다.

반가운 소식이 전해왔다. 점심 먹었던 식당에서 찾아서 택시를 타고 호텔로 돌아왔다.

대학의 선임자로 학교 명예를 실추시킨 행위를 용납할 수 없었다. 호텔 내 방으로 집결시켜 단체 기합과 손찌검을 했다. 감정을 누르고 질책으로만 끝났어도 될 일인데 과격한 행동을 보인 것도 부끄럽고

프랑스 나폴레옹 전시관 앞에서

내 평생 후회로 남아 있다.

그중에 한 사람은 훗날 대학 총장이 되었다.

경황이 없는 중에도 도움을 주신 프랑스 교포 회장님은 국위 선양에 앞장서는 등 배려를 해주셨다. 기분 전환을 위해 몇 명의 선임들에게 30만 원 상당의 코냑 한 잔씩을 사 주었고 애국을 강조하셨다.

저녁 식사 후엔 임마누엘 영화 관람, 디스코장, 리더 쇼 중 본인들의 선택으로 참여했으며 난 여비가 부족하여 김정수 아우님께 100$를 빌려 회장님과 리더 쇼 관람에 합류했다. 난생처음 세상에서 가장 아름답고 멋진 쇼 관람을 했다.

회장님께서 우리를 위해 봉사와 힘써주신 데 감사드리며 훗날 보답하길 기도드렸다.

# 십자가의 삶

성부와 성자와 성령의 이름으로 아멘!

세례를 받고 하느님과 동행한 지 30년! 참된 용서와 섬김으로 진실을 고백한다.

내겐 세 개의 십자가가 있다. 하나는 머리 위에 두 개는 양어깨에 한 개씩 지고 골고다 언덕을 향해 뚜벅뚜벅 걷고 있다.

첫 번째 십자가는 머리엔 42년 전 군에서 사고로 뇌 수술 다섯 번이나 받고 신체적, 정신적으로 온전한 사람이 되지 못하고 정신 신체장애 1급 장애자로 살아가는 동생 세례자 요한이다.

두 번째 십자가는 우측 어깨에 17년 전 포항에서 사업을 하다 실패하여 정신적 충격과 스트레스로 양쪽 신장이 망가져 2급 신체장애로 주 3회 투석을 하며 살아오던 중, 2년 전 심정지로 심폐소생술과 전기충격기로 겨우 심장이 돌아왔는데 깨어나면서 그 후유증으로 환청, 환각, 환시 증상이 오면서 실체 없는 것들이 마치 있는 것처럼 착각하는 망상 증상이 생겼다.

'농약', '벌레', '해치는 여자'가 따라다니며 괴롭힌다는 것이다.

때론 관리사무실에, 지구대에 민원을 제기하고 위층에 사는 사람에게는 보복심과 가족들에게는 정신적, 육체적 피해를 주고 있지만 오히려 자신을 정신병자로 취급한다며 감정의 벽을 쌓고 살아가는 셋째 처남이다.

세 번째 십자가는 좌측 어깨에 20년 전 돈이든 물건이든 자신에게 있을 땐 모두 다 퍼주고 없을 땐 손 벌리는 사람으로 자기 관리를 못하고 사업에 실패하여 뇌졸중으로 쓰러져 이 병원 저 병원 옮겨 다니며 재활 치료하며 살아가는 막내 처남이다. 막내 처남은 인정이 있어서 돈이 있을 때는 장인·장모님 산소를 예쁘게 단장하여 형제들에게 자랑스런 일도 하였다.

십자가의 삶이란 고통과 아픔이 아니고 희생적 사랑이란 것임을 깨닫고, 아내를 지극히 사랑하기에 세 개의 십자가를 지고 가지만 말없고 고독한 아내는 내가 있어 행복한 사람이다.

우리 부부는 4년째 매일 아침 코로나 팬데믹으로 성당에 갈 수 없었던 시기에 평화 방송을 통해 3종 기도와 미사로 일과를 시작하게 되었다. 오늘도 질병과 사고로 고통받고 사는 이들과, 그들을 보살펴 주는 의료인, 간병인 가족들에게 하느님께서 늘 함께해 주시길 간절히 기도드린다.

## 탈북자와 만남

어느 날 동네에서 탈북자 한 분을 만났다. 북한에서 현역 대위로 근무하다 먼저 탈북하여 남한에 살고 있는 형의 간곡한 권유로 아들 둘과 아내를 남기고 어머니를 등에 업고 중국에서 캄보디아를 거쳐 한국에 왔다며 구구절절한 사연을 들었다.

하나회에서 교육받고, 지역은 광주를 신청하여 오게 되었다는 것이다.

한국으로 오게 된 동기며, 북한의 현실. 탈북하여 남한에서 살고 있는 현실. 장단점을 비교하여. 한 시간 정도. 현장 교육 강의를 부탁했다.

강사료는 사내 강사료 기준으로 시간당 20만 원을 지급하기로 했다. 한 번 두 번 시작한 강의는 입소문이 나 광산 민방위교육장까지 알려졌다.

쇄도하는 강연 요청이 접수가 되면서 신변에 위협을 느끼게 됐다는 것을 탈북자 동지들을 통해 인지하게 되었다.

만약에 그가 언론에 보도되어 남한에 있다는 소식을 북한에서 알게 되면 아들 둘과 아내 목숨이 위험하게 됨을 알고 그 후부터 모든 강의 접수를 취소하였다.

농촌 빈집 세대를 관리하면서 동네 주민들과 취미로 탁구하며 동료 탈북 여성과 함께 살아가고 있다. 언제나 북에 두고 온 자식과 아내를 볼 수 있을는지 살아생전 가족 상봉이 이뤄지길 간절히 기도한다.

# 부록

## 1. 가훈

아빠는 믿음으로

엄마는 사랑으로

자녀는 순종으로

## 2. 좌우명

**精神一到 何事不成** (정신일도 하사불성)

**百見 不如一行** (백견이 불여일행)

『정신을 한군데 집중하면 무슨 일인들 이루지 못하리!』

『백번 보는 것이 한번 행하는 것보다 못하다』

## 3. 가족생일

본　　인 : 변두옥　1955년　04월　10일　술시

아　　내 : 배성자　1959년　03월　17일　묘시

아　　들 : 변진혁　1986년　09월　15일　오시

며　느리 : 최선혜　1986년　11월　25일　오시

　　　딸 : 변민녕　1988년　10월　24일　오시

사　　위 : 서희찬　1993년　02월　16일

손　　자 : 변이준　2020년　02월　20일　진시

손　　녀 : 서하은　2023년　04월　07일　유시

본　가 : 밀양초계변씨
시　조 : 정　실(고려 성종 / 문화시중)
파　계 : 참판공파

## 4. 추도일

증조부 : 변학기　　　　　　06월  06일
증조모 : 채　동(편강채씨)　04월  28일
조　부 : 변덕창　　　　　　12월  14일 합제
조　모 : 우도엽(단양우씨)　05월  28일
　부 : 변광현　　　　　　04월  02일 합제
　모 : 서행엽(이천서씨)　05월  08일
장　인 : 배용진(성산배씨)　09월  26일 합제
장　모 : 이순희(전주이씨)　10월  19일

## 5. 나 태어난 곳 : 옥룡면 운평리 하운

동곡리 : 묵방, 논실, 진틀, 심원, 동동, 동곡(고로쇠 마을)
죽천리 : 항월, 내천, 개현, 죽림
추산리 : 상산, 중산, 외산, 추동(동백산)
용곡리 : 대방, 홍룡, 초장(초암, 장암, 월례촌), 석곡, 옥동
운평리 : 상평, 하평, 상운, 하운, 삼정지
율천리 : 밤실, 덕천, 재궁, 목뎅이(동전)
운곡리 : 취실
산남리 : 남정, 산본, 평더리, 은죽(은하쟁이), 중정지(읍), 광양읍

## 6. 옥룡 42회

고재윤 | 김공엽 | 김경순 | 김복순 | 김병재 | 김성호 | 김용호 |
김영경 | 김점영 | 김정한 | 김종순 | 김현자 | 나종래 | 나상은 |
남병우 | 남상무 | 배경모 | 배경구 | 배일순 | 박보순 | 박민규 |
박상식 | 박수정 | 박순애 | 박연탁 | 박종삼 | 박종호 | 박정순 |
박춘순 | 변두옥 | 변운엽 | 변윤심 | 변재홍 | 서경자 | 서기준 |
서병호 | 서정식 | 서정무 | 서정수 | 서진기 | 서채식 | 서한성 |
서형순 | 성순애 | 성영옥 | 성희남 | 안영희 | 오강현 | 이기호 |
이기환 | 이선례 | 이윤심 | 이남재 | 이순심 | 이정윤 | 이정태 |
이성기 | 이복임 | 장다남 | 장영엽 | 장완표 | 주동기 | 주민옥 |
주태영 | 정명자 | 정수진 | 정영숙 | 정화자 | 차용복 | 최천규 |
최형주 | 황정환 | 허승구 | 허차진
고) 김종영 | 배기열 | 이진자 | 정현영
회장단 | 광양) 서병호 | 오강현 | 황정환 | 배경모 | 김성호 | 이선례 |
나상은 | 최천규 | 이성기
서울) 박종삼 | 김용호 | 서경자 | 이정윤 | 김병재 | 정수진 |
주민옥 | 안영희 | 황인숙 | 박수정

## 7. 숭의 10회

강선홍 | 강인규 | 고은호 | 주제옥 | 김신영 | 김승진 | 김안기 |
김여중 | 김영란 | 김영순 | 김윤자 | 김재경 | 김준석 | 김창원 |
김현승 | 김희진 | 김희주 | 김귀종 | 김완중 | 나복남 | 노쌍숙 |
류순열 | 명성옥 | 문　철 | 배성주 | 박명신 | 박용남 | 박선희 |
박종원 | 박　인 | 박주석 | 박태열 | 박홍열 | 백정선 | 변두옥 |

신명철 | 신현식 | 심효임 | 승일호 | 안화자 | 오필주 | 이관영 |
이동희 | 이성노 | 이양자 | 이용훈 | 이형모 | 임민호 | 임채권 |
장동현 | 전영학 | 정태권 | 조성환 | 정세희 | 정은숙 | 최영식 |
황명자 | 허복용

고) 장재열 | 정철우 | 임병문

회장) 이형모 | 정은숙 | 나복남 | 정태권 | 박주석 | 장동현

## 8. 친사모 (친구를 사랑하는 부부모임)

변두옥 · 배성자 | 조원용 · 고현란 | 전선형 · 정미경

## 9. 조대부고 23회 및 동문  (은사님 : 조규설, 정규봉)

- **일 진 회** : 강선홍 | 김 승 | 문복기 | 박종대 | 변두옥 | 주왕규 | 최영식
- **탑 회** : 강경섭 | 김인수 | 김인현 | 변두옥 | 오시정 | 윤현구 | 이계주 | 임양수 | 조근호
  전)조정훈 · 정치현 | 고)한판수 · 서현기
- **23골프회** : 공기석 | 김성수 | 김순식 | 김진기 | 김종출 | 나순식 | 변두옥 | 이 경 | 임양수 | 조공철 | 조인수 | 전남열 | 정연오 | 최영식 |   전)유창무 | 고)김용배
- **개별친구** : 고)김두현 | 김병회 | 박남섭 | 박종원 | 백정선 | 이승채 | 이승호 | 이안구 | 정철영 | 주용남 | 최종환
- **녹 호 회** (조선대학교 조대부고 총동문회) :
  남현찬 | 변두옥 | 전남열 | 최 상 | 양최덕 | 임명욱 | 정종록 | 윤현식 | 임재봉 | 이상배
  전)황용안 | 임찬배 | 박종윤 | 이종남 | 임철웅 | 고)권철환

· **회사 동문 부부 모임** (전 대우전자) :
　　　　변두옥 · 배성자 | 김영준 · 김　란 | 김승현 · 정미숙 |
　　　　정광래 · 임춘재 | 박근성 · 조희영 | 김길호 · 정인자 |
　　　　⁽전⁾김범슬 · 박운기

### 10. 조전회 (조선대학교 전자공학과 부부모임)

　　김광훈 · 최춘희 | 김종철 · 장경숙 | 변두옥 · 배성자 |
　　양희덕 · 신현례 | 류중열 · 천영미 |

### 11. 조선대학교 유스호스텔 (지도교수 : 백형래, 변재영)

- **1기** : 김용봉 | 변두옥 | 양희덕 | 장경민
- **2기** : 공중환 | 박병석 | 윤호상 | 이길영 | 이재윤 | 송순갑 | 노승재 | 최창인 | 이재경 | 김영자
- **3기** : 김형배 | 박병수 | 송현곤 | 오석진 | 이성범 | 조순길 | 주현숙
- **4기** : 김민철 | 김순석 | 박동옥 | 박병목 | 박창환 | 신미경 | 임태성 | 정찬선 | 정광호 | 최연옥
- **5기** : 김상용 | 신은희 | 오덕영 | 이승호 | 장석진 | 조정래 | 주환종 | 최순미 | 홍장선
- **6기** : 강성경 | 강창석 | 고이석 | 김동욱 | 김동필 | 김성배 | 김용섭 | 류영란 | 문정옥 | 박춘숙 | 신진우 | 신현경 | 윤상욱 | 윤주현 | 이경희 | 진용선 | 정광미 | 전춘옥 | 최덕진 | 추주현 | 허현정

- **7기** : 김미경 | 김수현 | 김　욱 | 김월숙 | 김중호 | 문병철 | 박석칠 | 배경현 | 임성욱 | 조영미
- **골프참여** : 서영진 | 김광일 | 김일수 | 이광철 | 조현석 | 강양신

※ 당시 함께 했던 기수만 표기함

## 12. 친사모 골프회

박도성 | 박종두 | 변두옥 | 여선옥 | 이경호 | 전남열 | 정광래 | 정종록　전) 김정수 | 김재행 | 전용만
회장) 이경호 | 박도성 | 정종록 | 변두옥 | 정광래 | 박도성 | 여선옥

## 13. 대광회  (전 대우전자 관리부)   고문 : 변두옥

강성암 | 김동선 | 김성한 | 김종택 | 김홍주 | 문육선 | 송경훈 | 서경석 | 서태인 | 이승철 | 이종성 | 주태환 | 정광래 |

## 14. 6·25 동기회  (대우전자 입사동기회 : 59명)

고광옥 | 기성철 | 권정호 | 김광향 | 김대종 | 김만영 | 김선개 | 김양승 | 김영준 | 김영환 | 김유철 | 김인호 | 김종래 | 김종호 | 김재수 | 김희주 | 박홍구 | 류시풍 | 문동복 | 문병석 | 박금용 | 박영우 | 변두옥 | 손정태 | 서경석 | 서재훈 | 신귀식 | 신호극 | 오찬서 | 양경회 | 염행삼 | 유학석 | 윤종만 | 이규호 | 이문엽 | 이병수 | 이상숙 | 이성주 | 이원식 | 이인희 | 이태중 | 이현승 | 이창환 | 조　봉 | 조성준 | 조양우 | 장태술 | 전성규 | 정광래 | 정상현 | 정호채 | 최윤식 | 최정수 | 홍성걸

고) 박서진 | 박봉춘 | 서정권 | 변철수 | 강채수
회장) 변두옥 | 권정호 | 최윤식 | 김양승 | 김인호 | 염행삼 | 손정태 | 이태중 | 정광래 | 이태중

### 15. 선우회  (순창모임)

김을곤 | 변두옥 | 우문식 | 임양수 | 조광용 | 조순방 | 최영두 | 최영섭 | 최현철 | 회장)조순방  고)서현기

### 16. 산수동성당 레지오  (다윗의 탑)

**단장** : 한승철 베드로 | **부단장** : 김화일 토마스모어
**서기** : 김상남 프란치스코 | **회계** : 김필중 이사야
 김영만 즈가리아, 김성열 베드로, 변두옥 요셉, 안정호 레오
**협조단원** : 길광환 요셉, 이승엽 바오로, 김민수 요셉,
 정양모 마르띠노, 기회원 베드로,
 김상욱 안드레아, 김영수 비오

### 17. 나눔의 작은 강  (빠야따스 후원회원)

김승현 | 김영경 | 박선희 | 박연탁 | 남현찬 | 배성자 | 변두옥 | 변백옥 | 변진혁 | 서희찬 | 서형순 | 손민지 | 이남숙 | 이상배 | 이선례 | 임재봉 | 전남열 | 전선형 | 한승철 | 황귀봉 | 최형주

## 18. 가족에게 보내는 편지

무척이나 추운 겨울 날씨에 모두들 몸을 움츠리고
매서운 바람을 피할려고 종종 걸음으로 재빠리 따뜻한 안식처를
향하여 가는듯합니다.
강 추위에 당신은 꾸르실료 교육을 받으러 가셨고
혼자 외로움을 삭이며 잠을 청했답니다.
교육 잘 받고 계시지요?
우린 항상 같이 있는듯 하나 서로 바쁨으로 잠정 얼마나
함께 웃었나 하신 관심도 했었고 불만도 같겠듯 하지만 이제
당신이 일하진 것만을 보니 나름대로는 그대가 좋았었던것
같아요. 다만 너무 무리한 것 같아 항상 안타까움이 많았는데
이젠 옛일이 되었어요.
그래도 그동안 당신이 그만큼 열심히 살았으니 조그만
용의 마음의 여유를 갖고 살았으면 해요.
다행히 이런 교육도 받을 수 있어 참 다행이고요.
이젠 친명이 한테 편지 부탁했는데 도착할지 모르겠고
전력이도 아빠 연락 안된다면서 오늘 전화왔었어요.
사랑하는 요셉씨!
우리가족이 어디에 있든지 거리가 문제가 아니라 서로
사랑한다면 모든 문제가 되겠어요. 서로 아끼고 사랑하며
이웃들에게도 사랑을 실천할수 있다면 더욱 좋겠지요
우리 서로 믿고 의지하며 살아간다면 어떤 어려움도
다 헤쳐 나갈 수 있겠지요.
이젠 하느님께 더욱 가까이 갈 수 있는 시간들 속에서
더욱 하느님의 자녀로 굳건해지고 더불어 우리 가족도 성가정이
부족함이 없도록 기도와 함께 노력해요.
교육 잘 받으시고 오셔요. 기도할께요
2008. 1. 25
여기는 별문제없이 걱정마시고 주님의 은총 많이 받고
요셉피나 드림

남성 제97차 꾸르실료 - 아내 요셉피나 편지

## 1

어머니, 아버지께.

이제 간 지 하루 밖에 지나지 않았는데, 벌써 그리워요.
군대가는 것이 무슨 벼슬이라고 가기 전에 그렇게 놀고 싶어했는지
아직은 서먹서먹 하지만 나름대로 괜찮을 것 같아요.
들어가자마자 신체검사함에서 하루를 마감했답니다. 오늘은
지금 흉부 적정 검사하고 있어요. 근데, 너무 제가 문자라내요.
이것도, 저것도, 잘 할 줄 아는게 없어서 거대를 이상한데.
변을 까봐요.
어제 운동장에 서 있다가 아버지 목 작아서 영 남자도 묵묵히
들어갔어요. 무척 서운했는데, 어머니 앞이면 들어가기가 쉽지
않았을 것 같아요. 그래서 앞으신느게 더 나았어요.
그런이라는 세월이 (그간이) 아직지 않게 잘 보고 나가야
할텐데. 조금 걱정이 앞서네요.
군복 차림에 목이 조금 수기긴 하지만 그래도 나름대로
잘 어울리는 것 같아요. 어머니, 아버지라고 불러 볼 적이 없어서
낯설게 느껴지는데, 그냥 엄마, 아빠라고 할게요.
엄마, 아빠, 이제 저 걱정은 그만하시고요, 추운데, 건강하게
지내요. 다시 만날때 웃고 반으면 좋겠어요.
행복하시고, 건강하시고, 항상 웃으시는, 그런 부모님의 품으로
돌아가는 그날을 손꼽아 기다리며 아들 진혁이가.

**진혁이 군대에서 - 부모님께**

사랑하는 아들 (진혁)에게

바깥을 내다보다 진혁이 생각에 펜을 든다.
진혁이의 달라지는 외모와 함께 내 생각도 많이
변화 되었겠지만 바쁜 생활속에서 대화할 시간도
많이 없는것 같아.
비교해서 보면 짧은 대면 기능도 할텐데
엄마 보다 더 친근한것이 있는지 아니면 네 마음을
헤아려 줄수 있는 대상이 있어 엄마가 필요치 않은 것인지……
진혁아!
항상 너는 알고 있는지 모르지만 너를 사랑하는 가족이
있다는 것을. 너의 발전을 가장 기뻐 해줄수있고 기대하는
가족을 잊지 않았으면 한단다.
엄마도 힘들 때가 많아. 상대하기 싫을때도,
나오기 싫을때도 ……
혼자 울어 있을때도 있고 오래 갈때도 있는데
그럴때는 사랑하는 가족이 옆이 위로가 많이 된다.
내가 어렸을때 목포 유달산에서 찍은 것인데 네가 1살 정도
였는데 너를 안고서 내가 별이 자랐으면 좋겠다.
그래서 이야기도 하고 함께 놀기도 하면 2살 될거라고
생각 했었거든. 그런데 네가 그렇게 커버렸어. 그리고
1반씩 엄마 마음을 알아주고, 말을 할때는 흐뭇하단다.
엄마는 다른 사람에 비해 가족의 외로움을 많이 받는것 같아.
엄마도 진혁에게 필요한 사람이 되고 싶다.
멀리 있는 엄마가 아니라 항상 힘들때나 기쁠때
네 마음을 알아주고 이루만 질수 있는 엄마가 되고 싶어.
오늘 하루도 즐겁게 보내고
사랑대 까지 안녕!

**엄마가 아들에게**

불행한 사람은 못 가진 것을 사랑하고
행복한 사람은 갖고 있는 것을 사랑한다 — 하워드 가드너

사랑하는 딸에게

오랜만에 여유로운 시간이다.
밖엔 눈이 휘날리고 쉰 쉰 들어오는 환자와에는
혼자의 시간이다.
민영이도 멀리있고 아빤 친구 딸 결혼식에 가셔
모두 혼자 인듯 하다.
원래 우리 가족은 같이 있어도 함께 있는 시간이
별로 많지 않았는데 그래도 같은 공간에 있어서인지
더욱 허전하다.
그래도 엄마는 연영이가 자신의 발전을 위해
멀리 있기 때문에 꼭 참아 본다.
너네의 발전된 민영이를 위해서는 충분히 참을수 있지.
그리고 마음이 문제이지. 거리가 문제되지 않는것같아
오히려 서로의 마음을 털어내며 알려주니 믿리있어도
친 것다 더욱 대화도 많아 지는것 같아.
우리 멀리 있어도 서로 사랑하고 있다면 함께
있는 것이니 외로울 것도 없잖아.
연영이는 더 나은 학력을 위해서 선택한 길이니
열심히 네것으로 만들고 좋은 친구들도 적들이 내 인생의
멋진 소중한 벗들이 되길 바란다.
우리 서로 각자의 길에서 최선을 다하고 살면
더욱 더 발전된 삶을 살지 않을까?
아빤 이 나이에도 박사 과정에 접어들어 휴무일도
바쁘신데 건강도 걱정되지만 나올수도 없어 서글퍼지잖아
있냐는 글쎄? 없어 자신만 필요성이 그렇게 절실치
않아서 인지는 모르나 선뜻 시작 못 했을것 같다.
오빠도 작은환자에 바쁘고 있마는 있마대로 바쁘고 ......
연영아 사면 후엔 얼마나 변했을까?

잠주 이 사진을 생각하며 혀우큼에 웃고 있겠지!
우리 서로 건강에 유의하자.
좋은 식품들 - 자연 식품 - 을 되도록 많이 먹고
운동 ( 체조等 )도 해 보고 규칙적인 식사로
몸을 만들어 보자.
너도 알겠지만 몸이 따르지 않으면 별 계획을
다 세운들 어떻게 이룰 수 있겠어?
이룬다 해도 더 힘겹겠지.
특히 넌 장 상태가 예민 하니 관리 잘 하여
( 자극적인것 기름기 찬가운것 해로운 것 알지.)
건강한 모습 보여 줘야 한다.
그것이 진정한 효도 아닐까?
민병아 타지라 더욱 더 '여자'란 것 명심하고
몸 관리 잘하고 저녁 늦게 다니지 않았으면 해.
다 알고 있으리라. 믿고.
엄마도 달라진 모습 보여 주기 위해 운동도 열심히
하고 책도 읽으면서 연성히 살께.
꽃샌 추위에 건강 주의하고 주일엔 미사 갔으
했으면 좋겠다. 일만 묘사이 감사함으로 산단다.
한 동안 피해 의식 속에 항상 너희들에게도 못해 준것 같아
마음 아팠기도 지나 냈어. 그래도 우리 가정의 평화에
감사함을 느낀다. 하루 속히 성당에 가서 미사 들일수
있도록 기도하고 있단다.
        사랑하는 딸 만나는 날 까지
              잘 있어
        2007. 3. 11.
           사랑하는 민병이를 생각하며

**엄마가 딸에게**

사랑하는 이에게

따사로운 햇볕은 조용한 여름을 연상케하는 포근한 봄날입니다.
감미로운 음악이 조용히 울려퍼지고 생각의 나래를 펴우리는
여유를 갖어본답니다.
항상 같이 있는듯하여 하나의 몸짓 하나의 눈 맞춤은
큰힘 조차도 알도 하지만
그래도 이야기를 나누고픈 충동에 전화를 걸려다가
재운 돈답니다.
그이(당신)와 함께 더 많은 시간을 할애하지 못해서라면
이해할수 없을런지요.
두욱씨 !
아침의 지문에 생인 물을 일으켜 흘러 갈데 나서는 모습을
보다면 마음에 저려움을 느낀답니다.
젊음을 가진 이 시기에 무엇인가를 위하여 열심을 부린다는것은
당연으로는 당연하지 않을까요 ?
어느날 모든 의욕에도 불구하고 생각대로 그치는 상황을
상상해본다면 어쩜 지금 이 시간들이 행복인지도 모르죠
항상 그대에게 힘이 되주고 싶지만 마음과는 달리 외로움
받고 역으로 쓰게 할때면 송구함을 자아냅답니다.
하지만 고의로 맘을 아프게 하는것은 아니라는것을 알아주서야되요.
그리고 당신의 사랑스런 아내로서 부끄럽지 않도록 노력하겠어요.
약간은 업도고 오달프다 하여도 용으로 움지 않도록 해요.
나 당신의 처음스런 약간은 부끄러워하는 모습을 보노라면
재미있답니다. 성깟 해와요 얼굴은 수염으로 가득 채워져
원숙함을 자아내는데 약살스런 모습이 대조 이룰때는 ……
참 진두를 느껴야 될지 모르겠어요.
전에는 나의 몸에 아가 가 있다는 것을 거의 의식치

못하고   생활 할때가   많았는데   이제는   아가가 자기가
있음을   상기 시켜주곤하거든요.
혼자 있을때는   아가에게   이야기도   하고   어떻게 생활을까
하고   상상도 해요.   그래다간   온 마음을   아가에게 쏟을걸로 꼬르거죠.
아빠를   이젠 함께   기다리고 있어요.
좀 함께 봐 …… 〈 더 조심해야 할걸요 〉
잠 이시간도   영심히 뒤이다니시겠군요.
피곤할땐   잠도 내어   휴식 취하세요.
다음을   위해서도   필요하니까요.
이 시간 부터   저도   좀 쉬는 시간을   나눠서 무엇이가를
해야 되겠죠.
나태하다 보면   앉어 있잖아요
저에게도   자극도 뒤고 그러세요.
두루서   그럼 퇴근후에 만나요
         그때까지   안녕 !
                         1986. 5. 9.
                              사랑하는 아내가.

**사랑하는 아내가 남편에게**

## 19. 11박 12일 유럽 여행팀

유럽대체인 (2008)

### ROOMING LIST (11TWN+2TRP+1SGL)

| NO | 성 명 | NAME | ROOM NO. |
|---|---|---|---|
| 1 | 정홍재 | JUNG HONGJAE | 302 |
| 2 | 심말분 | SIM MAL BOON | |
| 3 | 정지윤 | JUNG GE YOON | 304 |
| 4 | 정승호 | JUNG SENG HO | |
| 5 | 백종윤 | BAEK JONG YOON | 희장 305 |
| 6 | 이영예 | LEE YOUNG YAE | |
| 7 | 김영기 | KIM YOUNG KI | 340 |
| 8 | 쳔태은 | CHOUN TAE EUN | |
| 9 | 구성모 | KOO SUNG MO | 섬유무역 114 |
| 10 | 황선주 | HWANG SUN JU | |
| 11 | 구승완 | KOO SEONG WAN | |
| 12 | 구준완 | KOO JUN WAN | |
| 13 | 유양숙 | RIU YANG SOOK | 331 |
| 14 | 김승우 | KIM SUNG WOO (卢51) | |
| 15 | 변두옥 | BYUN DU OK | 322 |
| 16 | 배성자 | BAE SUNG JA | |
| 17 | 이기철 | LEE KI CHEOL | 336 충주배교수 |
| 18 | 최예영 | CHOI YE YOUNG | |
| 19 | 조용철 | JOE YONG CHULL | 324 |
| 20 | 김명선 | KIM MYUNG SUN | |
| 21 | 방미애 | BANG MI AE | 338 |
| 22 | 이은샘 | LEE EUN SAEM | |
| 23 | 이상균 | LEE SANG KYUN | 332 |
| 24 | 김순래 | KIM SOON RAE | |
| 25 | 조은영 | CHO EUN YOUNG | 차용 330 |
| 26 | 정소영 | JEONG SO YOUNG | |
| 27 | 권현숙 | KWON HYUN SOOK | 244 |
| 28 | 서휘원 | SEO HWI WON | |
| 29 | 서해인 | SEO HYE IN | |
| T/C | 이혜은 | LEE HYE EUN | 301 |

기 상 (MORNING CALL) : 6:30
조 식 (BREAKFAST) : 7:00
출 발 (DEPARTURE) : ~~9~~ 8:45
방에서 방으로 전화(ROOM TO ROOM) : 4+방번호

## 20. 대우전자 노사 해외 정책 세미나

### ROOMING LIST

DATE : 9/20　CITY : 써얌강　HOTEL : 써티양관 호텔.

| 순번 | KOREAN NAME | ENGLISH NAME | SEX | ROOM NO | REMARK |
|---|---|---|---|---|---|
| 1 | 허 진 홍 | HUH/JIN HONG | M | 152 | |
| 2 | 이 병 균 | LEE/BOYUNG KUN | M | 153 | |
| 3 | 김 정 근 | KIM/JEONG GEUN | M | 140 | |
| 4 | 이 길 주 | LEE/KIL JU | M | | |
| 5 | 장 해 도 | JANG/HAE DO | M | 141 | |
| 6 | 이 호 진 | LEE/HOW ZEEN | M | | |
| 7 | 최 정 열 | CHOI/JUNG OAL | M | 142 | |
| 8 | 변 두 옥 | BYUN/DU OK | M | | |
| 9 | 김 만 용 | KIM/MAN YOONG | M | 143 | |
| 10 | 이 일 표 | LEE/IL PYO | M | | |
| 11 | 우 택 옥 | WOO/TAEK WOOK | M | 144 | |
| 12 | 김 용 현 | KIM/YONG HYUN | M | | |
| 13 | 박 정 호 | PARK/JEONG HO | M | 145 | |
| 14 | 이 충 구 | LEE/CHOONG KOO | M | | |
| 15 | 김 병 춘 | KIM/BYOUNG CHUN | M | 154 | T/C |

◎ 기상시간 : 05:30.
◎ 아침식사 시간 : 06:00.
◎ 출발시간 : 07:30
◎ 장소 : 1층.
◎ 방에서 방으로 전화 : 방번호만
◎ 한국으로 전화 방법 : 9400+82+'0'을 뺀 지역번호 + 전화번호
◎ 긴급연락전화 (가이드) : 012-615-131 이계성

**변두옥 자서전**

# 꿈같은 세월,
# 함께한 사람들

**초판1쇄 인쇄** 2024년 4월 25일
**초판1쇄 발행** 2024년 5월 01일

**지은이** 변두옥
**발행인** 서정환
**펴낸곳** 신아출판사
**주 소** 전북특별자치도 전주시 완산구 공북1길 16(태평동 251-30)
**전 화** (063) 275-4000
**팩 스** (063) 274-3131
**이메일** sina321@hanmail.net
**출판등록** 제465-1984-000004호

저작권자 ⓒ 2024, 변두옥
이 책의 저작권은 저자에게 있습니다.
서면에 의한 저자의 허락없이 내용의 일부를 인용하거나 발췌하는 것을 금합니다.

저자와 협의하에 인지는 생략합니다.
잘못된 책은 바꿔 드립니다.

ISBN 979-11-93654-57-6 (03810)
값 20,000원

Printed in KOREA